『君たちはどう生きるか』に異論あり！

「人間分子観」について議論しましょう

村瀬学
murase manabu

言視舎

目次

はじめに――私たちが戦わなければいけないものの見方について

『君たちはどう生きるか』は、多くの人に読まれているとされているにしては、あまりにも異論が出されていないのが不思議です。時代がこの本を求めている、などと書かれている紹介文を読むこともあります。本当にそうなのかと思います。

この本は、戦前の本ですが一九八二年に岩波文庫から丸山真男氏の解説が付き再発行され、宮崎駿氏の新作アニメのタイトルにも予定され、また、羽賀翔一氏によって漫画化もされ、さらにはニュース解説でお馴染みの池上彰氏が『別冊ＮＨＫ１００分で名著』でこの本を取り上げたので一気に多くの人に知られる本になりました。「ＮＨＫクローズアップ現代」（二〇一八年一月九日放送）でも若手の俳優やタレント、高校のサッカークラブの顧問の先生やキャプテン、高橋源一郎氏などが、漫画のほうを読んで感激した様子をドキュメントふうに紹介していました。

紹介の骨子は、この作品の書かれた時代背景（中国との戦争がはじまる前夜で、軍部からの言論統制が始まり、自由な発言が出来なくなり、若者たちが将来の不安をかかえていたという時代）が似ているというものでした。時代はそんなに戦前と似ているんですか、とも思いました。「ＮＨＫクローズアップ現代」の女優さんやタレントさんやスポーツクラブのキャプテンの人たちの感銘を受けたという発言を見ていると、ほとんど作品の展開と無関係に、教訓や警句のように文章の一部を取りだして「よかった」といっているのがわかります。もちろん、作品の中の数行の文章を、作品の文脈と無関係に、「教訓」や「警句」や「指針」のようにして自分の役に立てるというのは、それはそれでいいと思いますが、でもそれなら作品がよかったというよりか、「教訓」や「警句」や「指針」のように読めたところがよかったというようにも思われました。「研究」らしきものがネットに載っているのを見ても、解説の丸山真男氏の「論」を「下敷き」にして論じているものが多く、どうしてもっと直接にこの本と向き合った批評がなされないのか、不思議でした。そこには私が疑問に思っているようなところは少しも指摘されていませんでしたから。それなら、私が読んで素直に感じたことをきちんと書いたほうがいいのではと思うようになりました。

私の疑問は、最初に、コペル君が銀座のビルの屋上から下を見たときに感じた「感想」から始まっています。コペル君はこの体験をもとに、「人間って分子みたいだね」と最初に語っています。**この本の最大のテーマは、この「人間を分子としてみる」という物の見方にあるのですが、**

その見方への違和感が私の中に強烈に起こっていました。でもほとんどの人はそんなところには気も止めずに、この本は良い本だといっているのです。私の感性がおかしいのか、その疑問は問うてみてもいいのではないかと思いました。事実、丸山真男氏も解説でこの「人間分子観」をとても高く評価しています。

本文で詳しく触れていきますが、人間を「上から」みて「分子」と見なす見方を、さらに「国土」を広げる「軍事的な鳥瞰」にまで応用していったのが、近代戦争の祖となる「英雄ナポレオン」でした。しかしその「軍事的な鳥瞰」は、のちに「人民を鳥瞰する」社会主義的、全体主義的独裁国家をささえる「人間分子観」につながってゆくものとしてありました。両者は深くつながっているところがあったのです（それゆえにE・H・カーも『ナポレオンからスターリンへ』という題の本を書くことにもなりました）。しかし、作者の吉野源三郎氏は、社会主義への過度な期待をもつ時代に生まれていて、それが非人間的な独裁体制につながることへの警戒感を薄めていた時期がありました。そういう時にこの本が書かれていたのです。

このまえがきでは、ナポレオンのような軍事体制や、ソビエトのような独裁国家を導く根本のところに、「人間」を「分子」と見なす「科学的な見方」があったことだけを指摘しておきます。そしてこういう「人間観」を今の世にも、これからの世にも蘇らせてはいけないことも指摘しておきます。そんなふうな私の疑問や懸念とは全く違ったふうにこの本が読まれているところがとても気になったものですから。

実は「君たちはどう生きるか」という問いかけは、このコペル君の見つけたとされる「人間分子」観を、「私たち」はどう受けとめるのかという問いかけなのです。この本の最後に「仏像」をめぐるやりとりが書かれています。作者がなぜ最後に「仏像」の話を持ってきているのか、それは「等身大」を問う物の見方です。「等身大」とは、ビルの上からではなく、「目の高さ」で人を見る見方です。「目の高さで」というのは、**そこにいる人を「目と口と尻」で生きる存在として見る見方**です。この見方が『君たちは……』では、つねに軽く見なされ、ビルの上から見る見方が称賛されてゆきます。それが近代科学の基本の思考でもあるからです。

しかし、**私のこの本は、こういう「近代の思考」と「戦う」ことを目標**にしています。ちなみに現代の日本はひどい格差社会で、ますます貧困層が膨らんできているということは、統計上からも、世界で発信されるネットニュースからでも、誰でもが容易に手に入れられる事実です。でも、学校の授業でも、職場の世界でも、そういうことが「問題」になりません。そういうふうにならないのは、市場経済の世界では、人間を「目・口・尻」で生きる存在として見る見方がとても稀薄になって、あたかも「分子」のように、「目も口も尻」もない存在として見られることが起こってきているからです。

生きものは「目と口と尻」を持つ存在である限り、そういう存在を「世話」するための「存在給付」は絶対に欠かすわけにはゆきません。でも「人間を分子と見る」見方からは、そういう

「**存在給付**」への見方（本書「九」参照）がとても稀薄になります。そうなると、日々の食うことにも困る人々が現実にたくさんいることに目を向ける視点が大事にされなくなってゆきます。**今の日本の抱えるひどい格差社会をきちんと見るためにも、このコペル君のいう「人間分子」観と本気で「戦う」必要があるのではないか**。そういう思いを秘めて、この論を立てました。日本の現状を憂う人たちとの有益な議論のきっかけにしていただければ幸いです。

一　へんな経験——「上から見る目」の出現、コペル君の「人間分子観」

主人公、コペル君は中学二年生（旧制）。本名、本田潤一君。

第一章「へんな経験」では、銀座のデパートの屋上でコペル君がみた街の光景が描写されています。霧雨の掛かったその街の下に「コペル君の知らない何十万という人間が生きているのです」と作者は語ります。そして、コペル君は突然おじさんに向かって「人間って、まあ、水の分子みたいだねえ」とか「人間って、おじさん、ほんとに分子だね。僕、今日、ほんとうにそう思っちゃった」と言い、それを「へんな経験」と言い換えています。

そのデパートの屋上の「へんな経験」に対して、その夜、おじさんはコペル君のために「ほんとうに、君の感じたとおり、一人一人の人間はみんな、ひろいこの世の中の一分子なのだ。みんなが集まって世の中を作っているのだし、みんな世の中の波に動かされて生きているんだ」と答えています。

この、デパートの屋上から見たら人間は分子のように見えるというコペル君の発想は、どこから着想を得たものなのかはわかりません。彼は中学二年生（旧制）という設定なので、学校の理科の教科書で「水」が「分子」でできていることを模型を使って習っていたのかもしれませんが、しかしそういう理科の学習から、人間も「水の分子みたいだ」とは、普通は連想しないものです。こういう「連想」には、コペル君以外の誰かの「連想」のフィルターがかかっていると思います。それはおじさんのフィルターです。しかしおじさんは、この連想があたかもコペル君が自発的にしたものだとして、次のようなことをノートに書いています。

ものの見方について

潤一君。

今日、君が自動車の中で「人間て、ほんとに分子みたいなものだね。」と言ったとき、君は、自分では気づかなかったが、ずいぶん本気だった。君の顔は、僕にはほんとうに美しく見えた。しかし、僕が感動したのは、それればかりではない。ああいう事柄について、君が本気になって考えるようになったのか、と思ったら、僕はたいへん心を動かされたのだ。

ほんとうに、君の感じたとおり、一人一人の人間はみんな、広いこの世の中の一分子なのだ。みんなが集まって世の中を作っているのだし、みんな世の中の波に動かされて生きているんだ。

もちろん、世の中の波というものも、一つ一つの分子の運動が集まって動いてゆくのだし、人間はいろいろな物質の分子とはわけのちがうものなんだし、そういうことは、君がこれから大きくなってゆくに従って、もっともっとよく知ってゆかなければいけないけれど、君が広い世の中の一分子として自分を見たということは、決して小さな発見ではない。（22～23頁、引用頁は岩波文庫のもの）

ここで、屋上から見た人間を「分子」と捉えているのは、コペル君ではなくおじさんのほうです。なぜ、このコペル君の発見が、コペル君のものではなくおじさんのものであるとするかというと、当時の社会情勢を見ておくことが必要です。

人間を「分子」と見なす見方は社会主義の文化圏では、科学的で、実用的な見方とされていました。「左翼分子」「革命分子」「反革命分子」「異端分子」などという言い回しは、当時は普通に使われていたものです。社会主義圏では、人間を一人の生きた生身の存在として見るよりか、党の命令で行動する「駒」のように見なし、しばしば「分子」と呼んでいたものです。

おじさんは、そういう**政治的な背景を持つ「分子」という言葉と、理科でとらえる「分子」をあえて、コペル君の発想として意図的に結びつけ**、人間を分子と見る見方がコペル君の中に自発的に芽ばえたとすることで、それをコペル君のお手柄にしています。

このことがおじさんの言うように、褒められたものではないのは、その後の雪合戦の事件の描写のところで露呈してきます。というのも、この「人間分子観」は、友だち関係を「分子が手を繋ぐ」かのような「つながり」とみなして、連帯責任が強調されることになってゆくからです。「人間分子観」には、一人一人の「個の判断」を許さないところが出てくるからです。雪合戦の場面では、「指切り」という形でつながり合った「北見—水谷—浦川—コペル」の四つの分子が、一続きの分子として動くことを求められる場面になっています。この場面のことは、後に詳しく見てゆきましょう。

大事なことは、一見するとデパートの屋上でふとコペル君が自発的に感じたとされる「**人間分子観**」が、その後の物語の展開の大事な場面を引っぱる重要な「物の見方」になっているというところです。

おじさんは、この「物の見方」の考案者ですから、この政治的背景を持つ「分子」という言葉を政治的なニュアンスで意識させないよう、「科学」のほうへ引き寄せるためにいろいろと工夫しています。コペルニクスを持ち出す話も、その工夫の一つです。おじさんは、次のように言っています。

君は、コペルニクスの地動説を知ってるね。コペルニクスがそれを唱えるまで、昔の人は、みんな、太陽や星が地球のまわりをまわっていると、目で見たままに信じていた。これは、一つは、キリスト教の教会の教えで、地球が宇宙の中心だと信じていたせいもある。しかし、もう一歩突きいって考えると、人間というものが、いつでも、自分を中心として、ものを見たり考えたりするという性質をもっているためなんだ。（23頁）

コペルニクスのように、自分たちの地球が広い宇宙の中の天体の一つとして、その中を動いていると考えるか、それとも、自分たちの地球が宇宙の中心にどっかりと坐りこんでいると考えるか、この二つの考え方というものは、実は、天文学ばかりの事ではない。世の中とか、人生とかを考えるときにも、やっぱり、ついてまわることなのだ。

子供のうちは、どんな人でも、地動説ではなく、天動説のような考え方をしている。子供の知識を観察して見たまえ。みんな、自分を中心としてまとめあげられている。（25頁）

ここでおじさんはよくある「俗説」の話を、あたかも「科学」の話であるかのように説明しています。それは天動説を「自分中心に考える考え方」で、地動説が「地球を広い宇宙の中の一つと考える考え方」と二分して、**あたかも「地動説」が優れた見方であるかのように説明する仕方**です。そして「天動説」が「自分を中心として、ものを見たり考えたりするという性質」としてあるがために、何かしら幼稚な、子どもっぽい見方であるかのようにみなそうとするものです。しかし「天動説」はそういうふうに「説明」されるべきものではないのです。ここはとても大事なところですので、何度でも強調しなくてはなりません。

大地に生きる人間（生きものはすべてそうですが）は重力のために、この大地の上での目線で物事を見るようにできていて、そのことはマイナスでもプラスでもないのです。ましてや「子どもっぽい」ものの見方でもないのです。確かに、コペルニクスの時代には、大地に立って見るという見方から切り離して、宇宙の仕組みを「計算」できるようになりました。でもそれは「計算上の話」であって、「子どもの見方」から「大人の見方」になっていったというふうに「説明」される出来事ではないのです。

むしろ、こういう「宇宙の仕組み」がわかることが科学的＝大人的で、大地の上の目の高さで物事を見る目が、非科学的＝子ども的と見なす見方が出てきたこと自体が「問題視」されなくてはならないのですが、おじさんはそういうことはしないのです。だから次のようにコペル君に言うことになります。


大人になると、多かれ少なかれ、地動説のような考え方になって来る。広い世間というものを先にして、その上で、いろいろなものごとや、人を理解してゆくんだ。場所も、もう何県何町といえば、自分のうちから見当をつけないでもわかるし、人も、何々銀行の頭取だとか、何々中学校の校長さんだとかいえば、それでお互いがわかるようになっている。

しかし、大人になるとこういう考え方をするというのは、実は、ごく大体のことに過ぎな

> いんだ。人間がとかく自分を中心として、ものごとを考えたり、判断するという性質は、大人の間にもまだまだ根深く残っている。いや、君が大人になるとわかるけれど、こういう自分中心の考え方を抜け切っているという人は、広い世の中にも、実にまれなのだ。殊に、損得にかかわることになると、自分を離れて正しく判断してゆくということは、非常にむずかしいことで、こういうことについてすら、コペルニクス風の考え方の出来る人は、非常に偉い人といっていい。たいがいの人が、手前勝手な考え方におちいって、ものの真相がわからなくなり、自分に都合のよいことだけを見てゆこうとするものなんだ。（26頁）

ここにくりかえし「手前勝手な考え方」とか「自分中心の考え」という言い方が出てきます。「大人になる」ということは、こういう見方から「抜けきる」ことだと説明されています。もちろん、広い世間を知るには「自分中心」の見方ではいけないということは、よくわかりますし、当然のことを言われていると思います。しかし、おじさんの否定する「自分中心の考え」が「コペルニクス風の考え」と対比させられるのは、正しくありません。**コペルニクスの見出した「天体観測用の世界観」と、人々の暮らす「地上の世界観」は、比較すべき尺度が質的に違っていて、対比すべき出来事にはならない**からです。むしろ「地上の世界観」の中に「個人の見方」と「世間の見方」、あるいは「子どもの見方」と「大人の見方」の区別があるというのならわかります。でもそれは「天動説」と「地動説」の対比で説明される事柄ではありません。おじさんは、このことについてさらに続けてもっと過激なことをコペル君に伝えようとしています。

自分たちの地球が宇宙の中心だという考えにかじりついていた間、人類には宇宙の本当のことがわからなかったと同様に、自分ばかりを中心にして、物事を判断してゆくと、世の中の本当のことも、ついに知ることが出来ないでしまう。大きな真理は、そういう人の眼には、決してうつらないのだ。もちろん、日常僕たちは太陽がのぼるとか、沈むとかいっている。そして、日常のことには、それで一向さしつかえない。しかし、宇宙の大きな真理を知るためには、その考え方を捨てなければならない。それと同じようなことが、世の中のことについてもあるのだ。

だから、今日、君がしみじみと、自分を広い広い世の中の一分子だと感じたということは、ほんとうに大きなことだと、僕は思う。僕は、君の心の中に、今日の経験が深く痕を残してくれることを、ひそかに願っている。今日君が感じたこと、今日君が考えた考え方は、どうして、なかなか深い意味をもっているのだ。それは、天動説から地動説に変わったようなものなのだから。（強調・村瀬、26〜27頁）

極端なことが、コペル君に向けて語られている箇所です。下線の強調は村瀬ですが、ここでおじさんは、「太陽がのぼるとか沈む」というような見方は「日常」ではいいけれど、「宇宙の大きな真理を知るためには、その考え方を捨てなければならない」と言っています。もっともなことを言っているように思われるかも知れませんが、「大地の上」に立つことによってしか見られない「太陽がのぼるとか沈む」という出来事と、「宇宙の大きな真理を知る」という「計算上の知識」とは、ものごとを知る尺度が違うわけで、どちらかを知るためにはどちらかを「捨てる」というような関係にあるわけではないのです。

大きな問題は、むしろおじさんのように「宇宙の大きな真理を知るためには、その考え方を捨てなければならない」と言い切ってしまう考えのほうにあります。ここで言われる「宇宙の真理」とは「計算上の真理」のことであって、それを知るために**「太陽がのぼるとか沈む」というような「日常の見方」を捨ててよいとは絶対にいえません。**

というのも、おじさんのいう「太陽がのぼるとか沈む」という出来事は、地上に生きる人々（多くの生き物）が、その循環する出来事を基準に寝起きし、四季を感じ、食物を育て、暦を作り、暮らしをつくってきたものです。そして、その循環は生き物の身体を、循環の仕組みとして作り上げてきていました。この**循環としての身体**を「日常」の暮らしでは**「目と口と尻」を持つものとして意識してきたのです。**母親が赤ちゃんにおっぱいをあげ、おしめを換えているのも、「目」で笑う赤ちゃんが、同時に「口と尻」を持つ存在としてそこにいることが見えているからです。家族では、つねにお互いが、お互いの動きを目で追いながら、お互いの食事を用意し、トイレの用意をしてきています。それは生き物が、目の高さで見合いながら、食べては排泄をする循環を生きていたからです。

その循環を支え合い暮らすあり方を「世話」と呼んできました。生きものは、お互いに老いも若きも「世話をし合う」ことによってしか生きていられないのです。それを「**等身大**」として人間を見るというのですが、その「等身大」という言い方は「背の高さ」のことだけを言っているわけではありません。「等身大」として見るということは、「目・口・尻」が「循環の存在」としてあることを見つめるということなのです。ですから、それはしばしば、「太陽がのぼるとか沈む」というあり方とともに意識されてきたものです。

ところが、おじさんがコペル君に勧める世界観は、この「太陽がのぼるとか沈む」という見方を「捨てる」ことで獲得されていった考え方です。**実際の「科学の世界観」は、そうやって「地上の感性」を「捨てる」ことで獲得されてきた**のですが、結局そのことで人々が「目と口と尻」を持つものとして生きるところが見えなくなり、「分子」のように、「駒」のように数えられるだけの存在になる「近代」が始まっていったのです。

本来であれば、おじさんは、そういう「近代」の見方が、人間観を貧しくしてきたところを鋭く指摘しなくてはいけないのに、いかんせん、おじさんはこの「近代」が推し進めてきた「科学的な世界観」がすばらしいとする「科学進歩主義者」として登場してきています。だから、最初の章で、「人間分子」観の素晴らしさを、一生懸命に讃えています。そして、この「科学的な世界観」がコペルニクスたち科学者によって作られてきているので、おじさんは潤一君に「コペル君」とあだ名を付けたのですが、それが本当にいい「あだ名」だったのかどうかは、改めて考えてもいいのではと私なら思います。

附論　パスカルの「幾何学の精神と繊細の精神の違い」

『君たちはどう生きるか』の七「石段の思い出」の中に、「おじさんのノート」があって、その最初にパスカルの言葉が二つ引用されています。それは「人間の悩みと、過ちと、偉大さについて」の文章ですが、それについては、その時が来たら触れることにして、ここでは、もし私がパスカルをコペル君に紹介するのなら、もっと大事な箇所があるということについて紹介しておきます。それは通常の『パンセ』の一番最初に置かれている「幾何学の精神と繊細の精神の違い」という文章です。

「幾何学の精神」とは、「上から見る目」のことで、**「繊細の精神」とは「横から見る目」**のことです。科学の時代を切り開いていったパスカルは、自分の中に科学的に世界を見る見方と、暮らしや生活を見る見方が、どんどんと離れてゆくことに大きな不安や疑問を感じてきていました。その不安や疑問をはっきりと言葉にしておこうとして書いたメモが『パンセ』であり、その中の「幾何学の精神と繊細の精神の違い」でした。彼はそこでこう書いていました。

すべての幾何学者は、もしも彼らがよい目を持っていたなら、繊細になれただろう。彼らは自分の知っている原理に基づいては、推理を誤らないからである。また繊細な精神の人々は、慣れない幾何学の原理のほうへ目をやることができたなら、幾何学者になれただろう。

したがって、ある種の繊細な精神の人々が幾何学者でないのは、彼らが幾何学の原理のほうへ向くことが全くできないからである。ところが幾何学者が繊細でないのは、彼らがその前にあるものを見ないからであり、また彼らが幾何学のはっきりした粗い原理に慣れていて、それらの原理をよく見て、手にとったのちでなければ推理しない習慣なので、原理をそのように手にとらせない繊細な事物にぶつかると途方に暮れてしまうのである。このほうの原理はほとんど目に見えない。それらは、見えるというよりはむしろ感じられるものである。それらを自分で感じない人々に感じさせるには、際限のない苦労がいる。それらの事物は、あまりにも微妙であり、多数なので、それらを感じ、その感じに従って正しく公平に判断するためには、きわめて微妙で、きわめてはっきりした感覚が必要である。その際には、たいていの場合、幾何学におけるように秩序立ってそれらを証明することはできないのである。

（『パンセ』前田陽一・由木康訳　中公文庫一九七三年、8頁）


ここでパスカルが「目の前にあるものを見る」精神を「繊細の精神」と呼び、「目の前にあるものを見ない」精神を「幾何学の精神」と呼んでいるのがわかります。そしてこの「目の前にあるものを見る」というのが、大地の上に立ち、重力に制約され、衣食住の循環を生きる姿を見つめる精神のことでした。それをここでは簡単に「横から見る目」と言うのですが、それは今まで述べてきた言い方を使えば、「等身大＝目・口・尻」としての存在を見る見方です。パスカルは、それは「幾何学の粗い精神」では見えず、「繊細な心で感じる」ことでしか見えないと言っています。

コペル君は、物語の最初の章で、パスカルのいう「幾何学の精神」に目覚めたところが描かれていたのですが、それはおじさんのように手放しで誉めたたえるのではなく、むしろ、その精神に対して、**「繊細の精神」がむしろそれと同等に必要であることが、もっと強調されなくてはならなかった**はずなのです。パスカルの好きなおじさんとしては。でもそうはなっていませんでした。

二　勇ましき友――「腕力」を前提にした思考

ガッチン――北見君の描かれ方

銀座のビルの上でみた景色の話のあと、コペル君の友人の紹介の話になります。それは一見すると、ただ友だちを紹介しているように見えますが、そうではありません。この後に続く大事な事件を引き起こすもう一人の主役の紹介がされているからです。そのもう一人の主役とは、ガッチンと呼ばれる北見君の紹介です。

『君たちはどう生きるか』の主人公はコペル君のようにふつうは思われていますが、この北見君の行動に注目することはとても大事です。ふつうに読むだけでは見過ごされがちなのですが、この作品での重要な出来事は、実はこの北見君の行動が引き起こすものになっていたからです。その理由はこの後でしっかりとみてゆきましょう。まずは彼の紹介のされ方です。

コペル君がとりわけ親しくしている人物が二人あります。一人は水谷君ですが、これは小学時代からの同級生で、その頃からお互いにうちに遊びにいったり来たりしている間柄でした。もう一人は、ガッチンと呼ばれている北見君です。

（略）水谷君の方は、体つきもすらりとして、顔も美しく、態度がいつもものの静かで、どこか少女のように内気なところをもっていますが、北見君ときたら、まるでその正反対です。背はコペル君と同じように低いし、おまけに体つきがブルドッグのように頑丈で、どんな場合にも、遠慮なんてことは知りません。自分の思っていることは、なんでもどしどし言うばかりか、いったん何か言い出したら、なかなかあとへ引きません。（29～30頁）

この腕力の強い北見君ことガッチンが、おそらく作者、吉野源三郎に近いのだと思われます。そのことは大事なところなので後で触れたいと思います。とりあえず、ここでは「腕力」が強く、「誰がなんてったって……」という猪突猛進型の少年として北見君が紹介され、さらに「正義感」が強いように描かれています。その彼が、いかにもとってつけたような「正義漢」ぶりを発揮するので、つい読者は拍手喝采をしてしまいそうになるのですが、そこは冷静に彼のとった行動の意味を見つめなくてはなりません。こういう「腕力」に任せて「問題解決」をはかろうとする人物には、よくよく注意が必要だからです。そしてある日「アブラゲ事件」と呼ばれる出来事が起こります。

「アブラゲ事件」――「家柄」の違いから起こされる出来事

クラスの中に、授業中よく居眠りをし、ちょっとのろまなところのある豆腐屋の浦川君がいます。彼に「油揚の臭いがする」といって「アブラゲ」とあだ名を付けて、山口（作中では呼び捨て）たちが、仲間同士であざ笑うことを続けています。ある日「クラス会」の出し物を決めることになり、山口とその仲間たちは、「アブラゲに演説させろ」という「メモ用紙」を授業中に回します。浦川君に演説させてあたふたするところをみんなでからかおうという魂胆です。でもその回されている「メモ書き」を見ても、浦川君は「アブラゲ」が誰のことかわからないのです。そんな浦川君をみて、山口たちは、さらに面白がり、あざ笑います。その場面は、次のように描写されていました。

「アブラゲニ、エンゼツサセロと……。アブラゲって誰のことだい。」

あっち、こっちから、クスクスという笑い声が起こりました。山口は得意でした。

「誰のことかなあ。」

そういってから、浦川君の方へ向きなおり、

「ねえ、浦川。君、知ってるかい。」

と、たずねました。

浦川君は、明らかにロウバイしました。めんくらった顔を山口の方へ向けて、はずかしそうに頭を左右に振りました。

「僕、わからないんだ。」

山口の仲間はドッと笑いました。つりこまれて、ほかの者も声をあげて笑いました。それを聞いた瞬間、浦川君にはすべてがわかったのでしょう、サッと顔色が変わりました。――うちの商売、自分の弁当！ そうだ、アブラゲとは自分のことなんだ！

浦川君は、見る見る、真赤な顔になりました。耳まで赤くなったのが、コペル君のところからも見えました。

その時です。ガタンと音がしたと思ったら、ガッチンの北見君が立ちあがっていました。

「山口！ 卑怯だぞ。」

北見君は憤慨に堪えない様子で叫びました。

「弱い者いじめはよせ！」（41～43頁）

ここで「正義感」の強い北見君が立ち上がり、山口に詰め寄り、険悪な事態になってゆきました。当の山口は、「へえだ！ こっちはしらないや」「余計なお世話だい」といって、しらばっくれるので、北見君がとうとう山口のほっぺたを平手打ちしてしまいます。それで山口が北見君の顔につばを吐きかけ、そこから二人は取っ組み合いの喧嘩をすることになります。

そこに先生が現れ、浦川、北見、山口の三人を残して事情を聞くことになりました。浦川君が喧嘩の顚末を細かく話をしたので、先生は山口をたいそう叱り、北見君は叱られなかった、というようにして「事件」は「終わり」になったように描かれています。

ここまで読めば、山口はひどいいじめっ子で、北見君は正義感あふれる生徒だなあと読者は誰でも思うと思います。そもそも、北見君や浦川君は「君づけ」で呼ばれているのに、「山口」は呼び捨て（漫画では一目見ただけで悪そうな印象を与えるように描かれています）なのですから、「善悪」がとてもわかりやすいのです。ところで、そういう「善悪」のわかりやすさは、コペル君が、友人の北見君が起こした事件として、この「アブラゲ事件」を記録しているから、そうなっているのだと思ってはいけません。物語を記述しているのは、コペル君ではなく、第三者つまり作者＝吉野源三郎なので、事件が起こる前から、作者が「君づけ」するものと「呼び捨て」にするものとをすでに分けているのです。なので、読者には、**自分で判断する前に、誰が「悪い者」で、誰が「善い者」かが、先にわかるようにされています**。こういう描き方は、よくありません。それにもかかわらず、本の題は「君たちはどう生きるか」というふうに、いかにも読者に自分の判断を求めているかのようにしています。白いパンと黒パンを見せて、どちらが黒いかと聞いているようなものです。

読者は、教室で浦川君を「アブラゲ」と呼んで「いじめ」をしているのは、山口なのだから、呼び捨てにされても当然だと思われるかもしれません。しかし、この「いじめ」の起こる経過は、当事者たちを「君付け」や「呼び捨て」で区別して、それで簡単に理解できる経過ではないのです。とりあえずここで描写されている経過を、理解しやすいように、いくつかに分けておきます。

① 浦川君が「油揚」のことで嘲笑される状況
② 北見君が山口に喧嘩を仕掛ける状況
③ 浦川君が北見君を止める状況
④ 先生が喧嘩の顚末を収める状況

この四つの状況は、一続きに描かれてはいますが、状況の一つずつが、やっかいな、解決のしにくいことを抱えている出来事です。でもこの解決の難しい出来事をあたかも一気に解決したかのように、立ち振る舞うのが北見君だったのです。従来の読み方では、この北見君の振るまい、位置づけに、全く注意は払われてきていないのですが、実は北見君は、この作品では「もう一人の主人公」といえる重要な役割を果たしているのです。そこを注意して読む必要があります。そのことは追って説明してゆきます。

ただ、この「アブラゲ」事件を知るためには、「問題」を起こすクラスの構成員の「家柄」は、どうしても先に知っておかなくてはなりません。その理解を抜きに、この「アブラゲ」事件を理解することはできないからです。ここでは後に紹介されるコペル君の友人たちの家柄をまとめておきます。

コペル君（本田潤一のあだ名。父は故人　元銀行の重役）
水谷君（父は財閥で実業界の代表）
北見君（父は予備の陸軍大佐）
浦川君（父は貧しい豆腐屋）
山口（オシャレで、映画狂で、映画俳優の写真を二百枚以上持っている）
そういう中で、「アブラゲ」と呼ばれる浦川君のことは、次のように紹介されています。紹介しているのは、コペル君ではなく、作者です。

浦川君の「家柄」

こんなに、みんなが浦川君を馬鹿にするのは、浦川君の恰好がおかしいためとか、学業があまり出来ないためとかというほかに、もう一つその理由がありました。それは、浦川君の身なりとか、持物とか、――いや、浦川君の笑い方や口のきき方まで、すべてが貧乏臭く、田舎染みているということです。浦川君のうちは豆腐屋さんでした。ところが、同級の生徒は、たいてい、有名な実業家や役人や、大学教授、医者、弁護士などの子供たちでした。その中にまじると、浦川君の育ちは、どうしても争えませんでした。浦川君のように、洗濯屋に出さずにうちで洗濯したカラーをしていたり、古手拭を半分に切ってハンケチにしている者は、ほかには一人もありませんでした。

神宮球場の話が出ても、浦川君の知っているのは外野席ばかりで、内野席のことは話が出来ません。活動写真だって、浦川君は場末の活動写真館しか知りませんが、同級のみんながゆくところは、市内で一流の映画館ばかりです。銀座などへは、浦川君は二年に一遍もゆくか、ゆかないか、ほとんど何も知っていませんし、まして、避暑地やスキー場や温泉場の話となると、浦川君は、てんで一言だって口をきくことが出来ません。さびしく仲間はずれになっているより仕方がありませんでした。（37～38頁）

ここには、**残酷なことがさらりと書かれています**。おそらくこの作品の中でも、とりわけ重要なことが書かれているところです。山口らは、ただ面白がって浦川君を嘲っていたのではなく、否応なく眼に入る彼との家柄の差、経済的な差、服装や食べ物や趣味の差に対して、それをからかわずにはいられなかったのです。この点において山口らを一方的に「悪者」にすることはできないのです。しかし、それにしても、作者はどうして一つの教室に、これほど家柄や経済状況の違う生徒を同席させていたのか、とても気になります。そういう家柄の異なる者の同席は、排斥や蔑視のきっかけになるのは目に見えていたからです。

もちろん、当時の中学（旧制）は、そういう極端な貧富の差のある時代の中で誕生していた、ということも言えます。あえて作者は、このような「家柄の差」「経済格差」のあるものを教室で「同席」させて、そこで起きる問題を、「君たちはどう生きるか」と問いたいと思っていたのだと考えることもできます。が、それにしても、ずいぶんと無理のある設定であることはいなめません。

作者の恩人である山本有三作『路傍の石』も同じ時期に書かれているのですが、ここには学力があるのに中学に行けない主人公の、なんとも言えない理不尽な境遇、悔しい思いが良く描かれています。ここには、当時実際に中学に行かせてもらえなかった山本有三氏の無念さがよく踏まえられ書かれていました。しかし、そんなに学力がありそうにも描かれていない浦川君が、すんなりと、財閥の御曹司たちのいるクラスに入っているという設定に作者はしています。そして、その中で、「油揚」の稼業にまつわる「いじめ」をあえて起こさせているのです。

こういう状況下で起こされる「いじめ」に対して、では、どういう「対応」をすればいいのかということになります。状況は多勢に無勢です。裕福グループと、貧しい生徒一人の構図。山口らはそういう「仲間」でつるんで、いじめを仕掛けているのです。そんな中で浦川君をかばうことは、今度は自分の身が危なくなることにつながります。コペル君は、後に取り上げる「雪合戦」で、「友人」を「見て見ぬふり」をするのですが、実はここでも浦川君に対して「見て見ぬふり」をしていました。

そのときです。人一倍「正義感」の強い北見君が、「卑怯だぞ」とか「弱い者いじめは止めろ」と言いながら、張本人の山口に詰め寄り、あとは喧嘩になり、ことの顛末を事情聴取した先生によって、悪者の山口がたいそう叱られることになるという結末が与えられます。

一見すると、善い終わり方のように見えますが、何かしら作者に都合の良いように、事件が起こされ、都合の良いように終わらされている感じがします。というのも、山口をやっつける北見君が出てこないと、この「アブラゲ・いじめ」事件は、いつまでも続いていたことは誰にでもわかりますから。でも、そうはならずに、いじめが止められました。北見君が出てきたからです。となると、私たちは問わなくてはならなくなります。いったいこの重要な役目を果たした北見君とは何者なのかと。なぜ彼は山口を懲らしめることが出来たのかと。

それはすでに少し紹介したように、北見君の「父」が「予備の陸軍大佐」とされていたことに大きく関わっています。予備とは陸軍予備士官学校のことですが、その学校の大佐だというのです。だから、その息子である北見君も、父の威厳を感じながら、行動できている生徒だったということです。**普通に正義感の強い生徒という設定ではなかった**のです。つまり作者は、特別な地位を背後に持った生徒を設定し、その生徒に「卑怯者」を懲らしめさせていたのです。こういう設定は、いかにもご都合主義だと思えます。そういう特別な生徒がいないと、山口のいじめを止めることが出来ないようになっていたからです。

ここで作者が、「君たち」も「北見君」のように振る舞ってくれることを望むと考えていたとしたら、あまりにも、都合のいいことを考えていたと思います。**そんなことは誰にもできるというわけではない**からです。というのも、「陸軍大佐」の親の威光を背中に負って行動するというようなことは、他のひとにはできないのですから。すでにコペル君だって、できていませんでした。できていないどころか、次に見るように「油揚」そのものもふだんは「食べもの」として見ていないところがあったからです。そんなコペル君にとって、同じように「油揚」を嫌う山口たちに、どうやって文句を言うことができたのかということになります。このことの意味は、後に起こる、もう一つの「雪の日の出来事」事件によって、より一層わかることになります。

浦川君の描かれ方

ここで作者の意図するとおり、山口が悪い生徒で、北見君が正義漢の強い生徒だというふうに仮に理解しておきましょう。それではコペル君はどうかというと、彼についてはこのように描かれていました。

油揚というものは、コペル君はめったにたべたことがありません。時たまお膳にのぼることがあっても、たいてい、箸をつけずにしまいます。どうもコペル君には好きになれないものの一つでした。それだのに、浦川君が毎日それをたべているというのですから、正直のところ、コペル君だって好奇心をそそられないわけはありません。しかし、この時には、それをあだ名につけられていながら、自分でちっとも知らずにいる浦川君が、なんだか気の毒で、堀君といっしょにクスクス笑う気にはなれませんでした。それでなくても、浦川君は、年中みんなからいい玩具にされて、何かにつけ、からかわれているのでした。（33～34頁）

コペル君自身、油揚は好きになれないもので、食べたことがないというのです。今の油揚と違って、当時の油揚は、揚げ方や油の質などによって「おいしい食べもの」としては出来上がっていなかったのでしょうか。でもそういうまずいものを毎日食べている浦川君だからこそ、クラスの「みんな」からは奇異な目で見られていたわけです。そしてコペル君自身も、実は「みんな」と同じように見ていたのです。でも、そういうふうに言ってしまうと話が終わってしまうので、「奇異な目」で見るというふうにはしないで「好奇心をそそられる」とか「気の毒な」という言い方で、同情的な立場にいるように作者は描いています。

こういうふうに、浦川君がみんなからは「奇異な目」で見られることは、教師にとっても同じことでした。教師はとくに浦川君の鈍重で不器用な立ち振る舞いに「思わず笑い出す」ことがあったからです。食べもののこと以外でも、浦川君の振るまい方は、次のように描写されていました。

①もっとも、浦川君の恰好をひと目見れば、浦川君がみんなからからかわれるのも無理はないと、誰だってそう思うでしょう。背は中ぐらいですが、恐ろしく胴長で、おまけに、服はだぶだぶで一向体にあってはいません。その癖、帽子だけは、馬鹿に小さいのを、兵隊のようにキチンと真直ぐにかぶっているのです。運動神経がよっぽどどうかしていると見えて、

ボールを投げるんでも、走るんでも、運動事と来たらいっさいだめ、間のぬけたモーションは、どう見ても漫画としか思われません。

②体操のときなど、先生でさえ思わず笑いだすことがよくあります。機械体操の金棒につかまっても、尻あがりはおろか、足掛けでさえ、金棒の上にあがることが出来ません。やっとこさと途中までお尻をもちあげていっては、こらえられなくなって、ドタリと垂れさがり、また、もちあげていっては、また落ちます。金棒につかまったまま、ジタバタしている浦川君を見ると、誰でも、気の毒とは思いながら、おなかの皮をよってしまいます。仕方なしに、いつも先生が浦川君のお尻を押して、うんうんと金棒の上に押しあげてやるのでした。

③それでも、もし浦川君が、学業の方でみんなの頭をおさえることが出来たなら、そう馬鹿にされないですんだのでしょうが、気の毒にも、浦川君は、あまりよい出来ではありません。その上に、どうしたわけか、教室で居眠りをすることにかけては、クラスでも評判の大家でした。（以上34～35頁）

こういう描写は、どこからどういうふうにみても、浦川君が「好奇の目」で見られざるを得なかったことを語っています。つまり山口たちは、ただ一方的に、油揚のことでいじめをしていたとかいうのではなく、教師も笑ってしまうようなことを彼がいつもしていたということが背景にあったことがわかります。こういう**日常的にくり返される浦川君の失態や不器用さへの、教師を**

含めての「笑い」や「冷笑」は、実は北見君と山口の「けんか」では解決のされない内容のものだったのです。

ところで、ここまでは、コペル君や教師やクラスのみんなから見た浦川君のことを見てきたのですが、では当事者の浦川君はどういうふうにこういう状況を見ていたのでしょうか。それは次のように描かれていました。

浦川君の気持ちの持ち方

浦川君だって、みんなから仲間はずれにされたり、馬鹿にされたりすれば、さびしくも、くやしくも思ったでしょうが、さびしがったり、くやしがったり、怒ったりすればするほど、悪太郎連中の悪いたずらがはげしくなると知ってからは、なるべく相手にならないように努めている様子でした。どんなことをされても、なさけない気持を、善良な、さびしい笑い顔につつんで、その場をすごしてしまうのが常でした。みんなは、浦川君には何をしても怒らないと考えはじめました。そして、いたずらがだんだんしつっこいものになって来ました。それでも、浦川君の態度は変わりませんでした。もっとも、あんまりひどい目に会うと、さすがに浦川君も笑い顔はしません。今にも涙が出て来そうな眼で、じっと相手を見て、それから諦めたような様子で、その場をたち去ってゆくのでした。しかし、そのときの浦川君の眼は、悲しみにこそ満ちてはいても、少しも憎しみをあらわしてはいません。（38頁）

私たちはつい見のがしてしまうのですが、こういう浦川君の「反応」にも注意は払うべきだと思います。彼は、山口らの悪ふざけに怒りをぶつければ、事態はもっとひどくなると悟っていて、「なるべく相手にならないように努め」「どんなことをされても、なさけない気持を、善良な、さびしい笑い顔につつんで、その場をすごしてしまう」というふうにしていたというのです。「浦川君の眼は、悲しみにこそ満ちてはいても、少しも憎しみをあらわしてはいません」とも描かれていました。それはないだろうと私たちなら思います。「憎しみ」を表さないなどというのは、まるでイエス・キリストみたいだと。こういうことはくり返して描かれます。「じっと相手を見るときの浦川君の眼」には「憎しみが燃えていない」と。そんな馬鹿なことがあるものかと思います。**浦川君にだって悔しい気持ち、怒りの気持ちはあるはずなのに、そういうものを持たない者がいるかのように**、作者によって描かれているのです。

先に紹介した山本有三『路傍の石』の主人公、吾一は、自分の貧しい家柄ゆえに中学にも行けず、人に言えない屈辱感や悔しい思いをいっぱい抱えながら、なにくそと思い生きてゆくさまが描かれていて、深い共感を呼ぶのですが、この何の怒りの気持ちも出さないように描かれる浦川君は、どうしてそうなのかと思わないわけにはゆきません。**作者には、どうもこの浦川君を「直接怒りを発する人」として描きたくない思いがある**みたいです。さらには「怒らない」から偉いと評価しているところも後にでてきます。でも世の中に「怒らない人」がいるかのようなイメージを伝えることは本当によくないと私は思います。

そんな「怒り」を見せない浦川君が、別な態度を見せるところを作者は描いています。それは北見君と山口の喧嘩が起こったときのことです。

人だかりを押しわけて、コペル君が二人に近づいたとき、――コペル君は実に意外な光景に出ッくわしました。

机の間の狭いところに、山口は前のとおり仰向きに組敷かれて、それでも憎々しそうに北見君をにらんでいました。北見君が上からおさえつけていることも、前のままでした。しかし、北見君の背中には、浦川君がだきついていました。

「北見君、いいんだよ。そんなにしないんでも、いいんだよ。」

浦川君は、そういいながら、まだなぐろうとする北見君を、一生懸命とめているのでした。浦川君の声は、泣きださんばかりでした。

「ね、後生だ。もう、ゆるしてやっておくれよ。」

級長の川瀬君も、しきりに北見君をなだめました。北見君は、黙って息をはずませながら、山口をにらみかえしていました。

だが、そのとき、先生の声がしました。（44～45頁）

お人好しにもほどがあると言えば良いのか、天使のような心優しき人だと言えば良いのか……、でもどうしてこういう場面を作者が描こうとしていたのか、ほんとうはもっと議論をすべきところだと思います。

この時、浦川君は、自分のことで二人が喧嘩をすることには耐えられないと思ったからなのか、それとも、ここで、北見君を止め、山口をかばうことで、これからも続くであろう山口のいじめを少しでも緩和させられるかもしれないと思っていたのか、それとも、もともと天使のような心の優しさを持っているので、そうしたまでのことなのか……よくわからないのです。

でもこの「人をかばう」という浦川君の行動は、このあとの雪の日に、上級生の黒川たちから、北見君を「かばう」ように立ち振る舞う行動にも出てきます。この「人をかばう」ように振る舞う浦川君の行動が、一体どういう意味を持っているのかについても、これまで議論されたことはなかったように思います。でもおじさんは、この浦川君の取った行動に対して、後で見るように高く評価していました。そのことに触れる前に、この喧嘩の顚末について考えておきたいと思います。

すでに説明はしてきているのですが、喧嘩の最中に先生が現れ、浦川、北見、山口の三人を残して事情を聞くことになります。そして、浦川君が喧嘩の顚末を細かく話をしたので、先生は山口をたいそう叱り、北見君は叱られなかった、というようにして「事件」は「終わり」になったということでした。

読者にとっては、スカッとするような、悪い奴を懲らしめる「大岡裁き」のようなものを見たように思われたかもしれませんが、**ここで「悪い奴」が裁かれたと簡単に思ってはいけないこと**を指摘しておきます。というのは、そういうふうに見てしまえば、先生や、北見君や、コペル君が「正義」のほうに位置づけられて終わることになります。本当に、先生や、北見君や、コペル君は「正義」のほうにいる、と考えるだけでいいのかというのが、私の問いかけです。

おじさんは「アブラゲ」事件のことで、コペル君に「いい助言」ができていたのか

このあと、この「アブラゲ」事件についてのおじさんのノートが紹介されています。


そこで、君は、もう一度あの「油揚事件」を思い出して見たまえ。

何が君をあんなに感動させたのか。

なぜ、北見君の抗議が、あんなに君を感動させたのか。

山口君をやっつけている北見君を、浦川君が一生懸命とめているのを見て、どうして君が、あんなに心を動かされたのか。

（略）

なお、浦川君については、君は、浦川君が少し意気地がなさすぎるという意見だが、僕もそう思う。浦川君がしっかりしていれば、ああまで馬鹿にされないですむのだ。しかし、浦

川君のような立場にいながら、少しもひるまずに山口君たちをおさえてゆけるなら、その人は英雄といっていい。浦川君がそういう英雄でないからといって、浦川君を非難するのは、まちがっているね。浦川君のような人は、まわりの人が寛大な眼で見てあげなくてはいけないんだ。まして、浦川君自身が、自分をいじめた山口君をゆるしてやってくれと頼むほど、寛大な、やさしい心を示したんだからね。（57～58頁）

おじさんはこのノートで、コペル君のお父さんの希望として「真っ直ぐな精神」「立派な男」「人間として立派なもの」「立派な考え」「立派な人間になる」ことをコペル君に伝えて欲しいと言われていたことを書いています。そしてそのノートの最後に、浦川君が「自分をいじめた山口君をゆるしてやってくれと頼むほど、寛大な、やさしい心を示したんだ」から彼は「英雄」だというのです。おじさんはここで、いい助言をしているのでしょうか。おじさんは、浦川君をえらく評価していますが、ここでのおじさんの「評価」は、あることが前提にならなければ成立しないところを見のがしています。そこのところは、しっかりと指摘しておかなくてはなりません。それは、この事件で、北見君が「喧嘩」をしなければ、浦川君へのいたずら、からかい、ふざけ、嘲笑は、このあとずっと続いていたということです。浦川君はそういう状況を「憎しみ」も持たずに受け入れるだけだったからです。おじさんはそのことに「意気地がない」ことは認めつつも、浦川君の山口をかばう態度を「寛大な、やさしい心」といっています。北見君が、喧嘩に出なければ、おぞましい状況は、そのまま続いていたのに、この喧嘩で相手をかばったことだけが高く持ち上げられ「評価」されているのです。おかしな話です。とてもおかしな話です。おじさんは、どんなにからかわれたり、馬鹿にされたり、屈辱をうけても、言い返しも、憎しみも持たずに、卒業までずっと教室の中で、悲しそうな目をしてみんなを見つめていた人を、「英雄」と評価しているのでしょうか。そうではないのです。**おじさんは、腕力のある北見君が喧嘩をしたことを「前提」にして、そういう状況下で山口をかばったことを「評価」している**のです。

でも、その喧嘩がなくても、浦川君をおじさんは高く評価できるのかというと、そういうことはできないはずなのです。からかわれたり、馬鹿にされたり、屈辱をうけても、言い返しも、憎しみも持たずに、ただ悲しそうな目をしてみんなを見つめていた人を、どうして「英雄」だなどと持ち上げることができるでしょうか。

だから**おじさんのコペル君への助言にはトリックがある**のです。それは浦川君を「寛大な、やさしい心」と「評価」しながら、実はその裏で北見君の「腕力」による行動を「評価」するという「二重の評価」です。ここに私が、北見君がこの作品の「もう一人の主人公」だと言ってきた理由があるのです。そのことは後に詳しく見てゆきましょう。ここでは、この北見君の腕力に頼る行動とセットになって浦川君が「評価」されているというカラクリだけは指摘しておかなくてはと思います。というのも、**おじさんの思考の基本に、この「腕力」を前提にしたものがものすごくたくさんある**ことを、読者は見抜いておかなくてはならないと強く私は感じているからです。

附論　中学時代の吉野源三郎氏は、ひどいいじめをするほうの立場だった

吉野源三郎『職業としての編集者』（岩波新書、一九八九年）の初めのほうに、謎めいた次のようなことが書かれています。

このようにして育った私がガラリと変わるようになったのは、中学生になって、祖母の遺品だった新約聖書を手にしてからです。中学生当時、私は柔道がつよく腕力家を自負していたのですが、それがわざわいして、ある出来事をきっかけに、私は全クラスからボイコットをくうことになりました。私のいちばん仲のよかった友だちがそのボイコットの張本人になって、ほとんどクラスの全員が私と口をきかなくなったのです。私にすればたいへんなショックでしてね、一朝にしてだれからも口をきいてもらえない孤立の中に落とされて、私は十五歳でしたが、はじめて孤独のなかで本を読むことを知りました。そのとき偶然手にしたのが聖書であって、私は四つの福音書を読み、そこにいままで全く知らなかった世界があることを教えられました。眼を開かれたような気持でした。（9頁）

これは実は異様な光景です。読者は何が起こったのだろうと思います。「腕力がわざわいして」

起こった「ある出来事」とは何だったんだろうと。それにしても、「全クラスからボイコットをくう」というのは、よっぽどのことがあってのことです。でも、そのことには言及されずに、この文章は、次のように書いています。「私のいちばん仲のよかった友だちがそのボイコットの張本人になって、ほとんどクラスの全員が私と口をきかなくなったのです」と。普通に読めば、この「いちばん仲のよかった友だち」が何か裏切りというか、裏工作をして、彼を「だれからも口をきいてもらえない孤立の中に落とさせた」と読めるようになっています。「悪い奴」はその「いちばん仲のよかった友だち」であったかのように。

ところがあるテレビ番組（「世界一受けたい授業」二〇一八年一月二十四日放映）で『君たちはどう生きるか』を取り上げていたときに、吉野源三郎氏の長男、吉野源太郎氏が出演され、インタビューを受けている場面がありました。そのとき父から聞いた話として、源三郎氏が中学生のとき腕力があったので、それで弱い者をいじめていたということと、それがきっかけで、「クラスの誰からも口をきいてもらえなくなった」ことがあった、ということについて話されていたのです。

びっくりしました。それで、あの『職業としての編集者』のあの謎めいた回想の一文がわかったように思いました。そこに書かれていた「ある出来事」とは、吉野源三郎氏自身が自分の腕力をいいことにクラスで弱い者をいじめていたという「出来事」だったのです。それがきっかけで「いちばん仲のよかった友だち」が「張本人」になってみんなから「口をきいて貰えなくなった」というのが真相だったわけです。

ではなぜ彼はここで「ある出来事」などといって、自分のやらかしていたことをぼかしていたのか気になりますし、その結果、みんなから口をきいて貰えなくなったことを、なぜ「いちばん仲のよかった友だち」のせいにしているのか、そのことも気になりました。

吉野源三郎氏自身は、**結果的に自分の起こした「いじめ」事件と生涯向き合うことはしなかったのではないか**と思います。というのも、『君たちはどう生きるか』の「山口」と呼び捨てにされる作中人物が、吉野源三郎その人に最も近かったはずだからです。そして、そういう「いじめ」をするのは、たんに「悪い奴」だったからというのではなく、いろいろな「理由」があってそういうことをしていたはずなのです。その「理由」と向き合うことが、自分のした過去の「過ち」と向き合うことなのですが、そういうことをしないで、『君たちは……』では、腕力で山口を懲らしめるというストーリーにしてしまっていたのです。

もちろん、そういうことがあったからこそ『君たちはどう生きるか』で「いじめ」の場面を書いたのではないかと、いう人がいるかもしれません。それなら、そういう自分の苦しんだ体験を生かしてその「いじめ」の場面が描かれていてもよかったはずなのですが、そうはなっていません。むしろ腕力のある北見君（かつての腕力をもっていた吉野源三郎氏のように）が、「正義の味方」のように正反対に描いてすましているのです。

漫画『聲の形』では――

逆の例を挙げましょう。ここに吉野源三郎氏のように、自分のクラス（小六）に転校してきた耳の聞こえない女生徒にひどいいじめをして、その結果、クラス全員から「口をきいて貰えなくなった」少年を主人公にした漫画『聲の形』（大今良時、二〇一四年にアニメ化）があります。この主人公はまさに吉野源三郎氏と同じようなことをして「いちばん仲のよかった友だち」が「張本人」になってみんなから「口をきいて貰えなくなる」物語です。でも作品では、自分のした「いじめ」と向かい合う主人公をしっかりと描いています。そういう作品と比較してみれば、吉野源三郎氏が『君たちはどう生きるか』で描いたいじめの処理の仕方は、決して納得できるものでないと思います。

三　ニュートンの林檎と粉ミルク――「網目の法則」は「取り替え」がきく人間関係

「ニュートンの林檎」の話――ここで「万有引力」の発見をなぜ取り上げるのか

この章には二つの話が語られています。一つは「ニュートンの林檎」の話。もう一つは「粉ミルク」の話です。なぜここでこの二つの話が続けて語られているのか、不思議に思う人がいるかも知れません。理科と社会の両方が大事だから連続させたと考えることもできますが、実際はどうなのか見てゆきたいと思います。

まず「ニュートンの林檎」のほうからですが、理科や科学の勉強が大事だとしても、なぜわざわざここで「ニュートンの林檎」を持ってきたのか、気になります。もちろん、たまたま、偶然に作者が「ニュートンの林檎」に関心を持っていたからだと考えることもできますが、私が思うには、やはり作者なりの理由があったからだろうと思います。それは「重力」というイメージを作者なりにずっと考えてきていたからではないかという理由です。というのも、最初に銀座のビルの上から見た地上の姿を描写して、その「高み」から見る見方について考えていたところを紹介してきました。その**「高み」に関わる話として、作者は、「ニュートンの林檎」を使えると思ったみたい**なのです。それは林檎を落とす「高さ」をもっと上げてゆけばどうなるのかという疑問を考えるというアイディアのことです。もともと、こういう「高さ」を考える動機は、決して天文学の勉強から引き起こされるものではなかったはずなのですが、ここでは大真面目に「ニュートンの林檎」の話の「科学的な説明」に文章を費やすような形になっています。

どういうふうに「説明」がされているかというと、次のようにです。

ニュートンが、「林檎が木から落ちる」のを見て「万有引力」を発見したと言われてきた話は、後世の人が作り上げた話だろうということを踏まえた上で、おじさんはコペル君たちに次のような説明をしていました。林檎が木から「落ちる」ことは誰にでもわかる。それは地球に「引力」があるからです。けれどもその木の高さをどんどん高くしていって、月の高さにまで持って行くと、それでもその林檎は落ちてくるのかというと、そういうわけではない。それは月が落ちてこないことを考えるとすぐにわかる。林檎はある程度の高さまでは大地に落ちてくるけれど、月の高さまで持って行くと、月が大地に落ちてこないように、林檎も落ちてこないのです。

ニュートンは、そこでなぜ月が地上に落ちてこないのかを考え、それは月にも「引力」があって、月の引力と、地球の引力が、どこかで釣り合っているので、月が地球に落ちてこないのではないかと考えた。だから月に近づくものは、月の引力に引かれて月に落ちてゆく。それゆえに、月の高さまで持ち上げた林檎は、地球に落ちてこないのではなく、月の大地に落ちてゆくことになる、と言い換えなくてはならない。こうして、天体にはそれぞれに「引力」があって、それらがお互いに引き合っている状態がある。そういうふうに天体がお互いに引き合っている状態をニュートンは「万有引力」と名づけたというのです。

問題はなぜこういう「万有引力」のような話をここで持ち込んでいるのかということです。おじさんはこう説明していました。

元来、重力の法則というのは、地球上の物体についての法則だろう。ところが、落ちる物体をぐんぐん地面から離していって、月のあたりまでもっていったとすると、その物体と地球との関係は、もう地上のものじゃあない。もうそれは天界のことになってしまう。つまり、天体と天体との関係に等しくなるわけさ。

こう考えて来ると、——コペル君、——天体と天体との間に働く引力と、落体に働く重力とが、頭の中で結びついて来るのは、ごく自然のことじゃあないか。ニュートンは、この二つのものが同じ性質のものではないかと考えついた。そして、それを証明することが出来るだろうと考えて、その研究にとりかかったんだ。

それから、月と地球との距離を計算したり、月に働く重力や地球の引力を計算したり、長い間、たいへん苦心して、とうとうそれを証明してしまった。その結果、とてつもない広い宇宙をぐるぐるまわっている星の運動も、草の葉ッぱからポロリと落ちる露の運動も、同じ物理学の原則から、きれいに説明されることになった。つまり、一つの物理学が、天界のことも、地上のことも、同じように説明出来ることになったんだね。これは、もちろん、学問の歴史からいえば、非常に偉い事業だった……（80頁）

注意してこのおじさんの「説明」を読むと、ここで説明しているのは「計算上の世界」の話であることがわかります。計算上こう考えるしかない、という世界の説明です。ここには天文学的な理解が求められているのですが、おじさんは本当はそういう天文学的な知識をコペル君たちに伝えようとしていたのではなく、そこに働いている思考法のようなものでした。だからおじさんはこう言うのです。

偉大な思いつきというものも、案外簡単なところからはじまっているんだね。そうだろう。ニュートンの場合、三、四メートルの高さから落ちた林檎を、頭の中で、どこまでも、どこまでも高くもちあげていったら、あるところに来て、ドカンと大きな考えにぶつかったんじゃないか。

だからねえ、コペル君、あたりまえのことというのが曲者なんだよ。わかり切ったことのように考え、それで通っていることを、どこまでも追っかけて考えてゆくと、もうわかり切ったことだなんて、言っていられないようなことにぶつかるんだね。こいつは、物理学に限ったことじゃあないけど……（81～82頁）

この辺で**おじさん特有の「あたりまえ」の批判**がくり返し出されています。おじさんの考える「あたりまえ」というのは、「林檎が木から落ちる」というような光景を見る見方と言えばいいでしょうか。つまり「目の高さ」で「横から見る目」光景のことです。おじさんはそういう「横から見る目」からどんどんと「見る高さ」を引き上げてゆくことが「偉大な思いつき」につながってゆくことを強調し、それが大事と言っています。「横から見る目」より「上から見る目」の「偉さ」を言おうとしているのです。

しかし何度も言うことになるのですが、「横から見る目」と「上から見る目」は、比較の出来ないものとしてありました。ましてやそれは「偉大さ」の違いでもありません。でもおじさんは、「横から見る目」をどんどん上げてゆけば、「上から見る目」になって行くかのように、コペル君に言っています。こういう考え方は、間違っているのです。「横から見る目」は重力を生かした世界の見方であり、「上から見る目」のは重力を離れた世界の見方なので、寄って立つ原理が違っており、どちらが「偉い」というわけではなく、生きられる世界が違っていると考えるべきものでした。

だからおじさんが、「林檎が木から落ちる」というなんでもない光景をどこまでも考え詰めていった結果、「万有引力」という法則を発見したかのようにいうのは、正しくないのです。でもコペル君は、おじさんの「助言」を受けて次のようなことを言っています。

僕は一つの発見をしました。それは、たしかに、叔父さんから聞いたニュートンの話のおかげです。（略）

僕は、こんどの発見に、「人間分子の関係、網目の法則」という名をつけました。（略）（83〜84頁）

その時、僕はニュートンの話を思い出しました。三メートルか四メートルの高さから落ちた林檎を、もっともっと高いところにあったと考えて見て、どこまでも考えつめてゆくうちに、ニュートンはすばらしい考えを思いついたのだ、と叔父さんが言ったでしょう。それで、僕も、粉ミルクに関係のあることを、どこまでも考えていったら、どうなるかな、と思いました。（85頁）

ここから次の「粉ミルク」の話に移ってゆくのですが、ここで作者は、本来は結びつけるには無理がある「ニュートンの林檎」の話と「粉ミルク」の話を、ある一定の理屈で結びつけようとしていたのです。

なぜそこに「無理」があるのかについては、意識しておいたほうが良いと私は思います。先に大事なことを言っておけば、「ニュートンの林檎」の話は、数学の話に行ってしまうものですが、「粉ミルク」というのは牛が「目と口と尻」の「循環の存在」として生きることによってはじめて産み出されてきた話でした。赤ちゃんと母親は、この「目―口―尻」という存在をを感じる中でおっぱい（ミルク）を飲んだり、飲ませたりしていました。そういう意味では、**「ニュートンの林檎」は「上から見る目」の話**であり、**「粉ミルク」は「横から見る目」の話**になるはずなのですが、そこはまた**ある種のトリックを使って結びつけられる**のです。私たちは、そのトリックを冷静に見つめないといけないと思います。

「粉ミルクの缶」の話

コペル君は、粉ミルクの缶に書いている絵を手がかりに、粉ミルクが世界のどこでできて、どうやって日本までできたのかを調べようとしました。そしてその調べ方を、ニュートンが「地上の林檎の落下」から「宇宙の法則」までを発見したとするおじさんの説明と重ねようとしていたのです。つまり、**物理の発見と、社会の発見を似たようなものとして重ねようとしていた**のです。方や物理科学と言われ、方や社会科学と言われ、共に「科学」と呼ばれるので、その二つは重ねてもいいというか、むしろ重ねなくてはならないというおじさんの意向が、コペル君に反映している様子が見て取れるような設定です。そこでコペル君は自分の発見したものを「**人間分子の関**

係、網目の法則」と名づけ、次のように「説明」していました。

僕は、寝床の中で、オーストラリアの牛から、僕の口に粉ミルクがはいるまでのことを、順々に思って見ました。そうしたら、まるできりがないんで、あきれてしまいました。とても、たくさんの人間が出て来るんです。ためしに書いて見ます。

㈠ 粉ミルクが日本に来るまで。

牛、牛の世話をする人、乳をしぼる人、それを工場に運ぶ人、工場で粉ミルクにする人、かんにつめる人、かんを荷造りする人、それをトラックかなんかで鉄道にはこぶ人、汽車に積みこむ人、汽車を動かす人、汽車から港へ運ぶ人、汽船に積みこむ人、汽船を動かす人。

㈡ 粉ミルクが日本に来てから。

汽船から荷をおろす人、それを倉庫にはこぶ人、倉庫の番人、売りさばきの商人、広告をする人、小売りの薬屋、薬屋までかんをはこぶ人、薬屋の主人、小僧、この小僧がうちの台所までもって来ます。(略)

僕は、粉ミルクが、オーストラリアから、赤ん坊の僕のところまで、とてもとても長いリレーをやって来たのだと思いました。工場や汽車や汽船を作った人までいれると、何千人だか、何万人だか知れない、たくさんの人が、僕につながっているんだと思いました。(85〜86頁)

（略）

僕は、これは一つの発見だと思います。だって、今まで、ちっとも考えなかったのに、そう思って見ると、何から何まで、みんなそうだとわかったからです。僕は、学校にゆく途中や、学校にいってからも、なんでも手当り次第、眼にいるものを取って考えて見ましたけれど、どれもこれも同じでした。そして、数え切れないほど大勢の人とつながっているのは、僕だけじゃあないということを知りました。（略）

だから、僕の考えでは、人間分子は、みんな、見たことも会ったこともない大勢の人と、知らないうちに、網のようにつながっているのだと思います。それで、僕は、これを「人間分子の関係、網目の法則」ということにしました。（87～88頁）

ここでコペル君は二つのことを言っています。一つは、「粉ミルク」がたくさんの人の手や機械を通して運ばれてきて、自分の手元に届けられているということと、もう一つはそういう「運び」に関わるたくさんな人々を「人間分子」と呼び、「見たことも会ったこともない大勢の人と、知らないうちに、網のようにつながっている」様子を「人間分子の関係、網目の法則」と呼びたいということです。

しかし粉ミルクが多くの人の手によって遠くへ届けられるという話と、その間にいる「人間分子が編み目の様につながっている」という理解は、一見するとかみ合っているように見えますが、そこには次元の違う話が結びつけられています。「物流として物がつながっている」というあり方と、「人が編み目のようにつながっている」という理解は、同じようには理解できないからです。たとえ話として、「粉ミルク」が取り上げられているので、それがはるばる外国から日本へ輸入されてきた道のりを「物流」として届けられてきたことはイメージしやすいものです。「粉ミルク」は、確かに出発点から、日本の赤ちゃんまで、その本体が届けられているからです。

しかし、その「物流」をつなぐ「人々」は、たくさんな「編み目」のようにつながっているのだというときに、その「人々」のつながり方は、「物流」のつながり方と「同じ」ではないのです。つまり**「物」が、A地点からB地点まで移動してくる「つながり」と**、A地点からB地点までの間にたくさんの人がかかわって**「物」を移動させているその「つながり」とは、話は別**なのです。

わかりやすくいうと、一個のリンゴが、A地点からB地点まで移動してくる、というときには、必ず、その一個のリンゴがそのまま、A地点からB地点まで移動してきているのですが、でもその一個のリンゴを届ける人たちは、たくさんいて、次々に別な人にそのリンゴが手渡され、はるばると遠いB地点まで届けられることになっています。つまり「物流」として届けられるリンゴは、出発から到着まで「同一」のものでなければならないのに、そのリンゴを届ける人たちは「同一」でなくてもいいのです。

「物流」においては、運ばれるものは「同一」でなくてはならないのに、その運び手は「同一でなくてもいい」と、ここでいっているわけです。つまり「リンゴ」や「粉ミルク」の「運び手」は誰でもいいということなのです。A地点からB地点まで、つなぐ人がいれば、それは誰でもよいのです。機械でもいいのです。誰が入れ替わっても、つなぐ者がいることが大事であって、それが誰なのかは問題ではないのです。

このことを踏まえて、コペル君が「発見」したと語っている文章をもう一度読んでみると、コペル君は、「粉ミルク」がオーストラリアから日本の赤ちゃんまで届く、という長い道のりをイメージしながら、その間にたくさんの人が関わって「粉ミルク」をつないで運んでくれているという姿に、驚き感動していることがわかります。そのことはそれでいいし、そういう過程に関心を持ち感動している姿も、コペル君らしくてよいと思います。でもそこでコペル君は、そのたくさんの「運び手」を「分子」や「網の目」と見たときには、それはもう、物流会社の経営者のような視点で「上から」人々を見ていることになっているのです。なぜなら、繰りかえしていうことになるのですが、**「網の目」としてみられる「運び手」は誰でもいいのです。奴隷であっても機械であっても、いいのです**。その「網の目」と見なされた「運び手」は、都合が悪ければいくらでも「取り替え」がきくものでなくてはならないのです。

私がここで何にこだわっているのか、おわかりいただけているでしょうか。私はコペル君が「粉ミルク」の缶が「牛の世話をする人、乳をしぼる人、それを工場に運ぶ人、……」といったたくさんな人々を通して運ばれているところも見ているのを問題にしているのではないのです。

私が指摘したいのは、そういう「牛の世話をする人、乳をしぼる人、それを工場で粉ミルクにする人、……」を見るのは、それぞれの「目の高さ」で見られた人々であって、**そこで仕事をしているその時点では、その人たちは「取り替え」のきかないところにいる人たち**なのです。

ところが、そういう人たちを列挙した後で、コペル君はそれを「人間分子の関係」とか「網目の法則」だというような陳腐な言い方をして、何かしら一大発見をしたかのような言い方をしているのです。でも、それは違うでしょ！ということを私は指摘しているのです。「目の高さ」で働く人たちを見ているときは、少なくても「取り替えがきかない」ことを前提にしているのですが、一気に「目の高さ」を上げていって、人間を「分子」や「網の目」のように見つめる、物流会社の経営者のような「目の高さ」に移行してゆくと、**その「物流」をつなぐものは誰でもいいように見えるもの**です。そうすると「取り替え」の可能性は、いつの間にか「取り替え」の心配もいらない「機械」になればいいとも思うようになってゆくものです。そこに**コペル君の物の見方の危険性**があったのです。事実、コペル君はこう言っていたからです。

「だから、僕の考えでは、人間分子は、みんな、見たこともない会ったこともない大勢の人と、知らないうちに、網のようにつながっているのだと思います。それで、僕は、これを「人間分子の関係、網目の法則」ということにしました」（87〜88頁）と。

この場合の「網目の法則」というのは、分子の「取り替え」をきかせる法則ということです。

物流の経営に立てば、物流の網目を途切れさせることは許されないので、切れた網目はすぐに補充するように「法則」づけておかなくてはなりません。そしてその補充は誰でもいいのです。切れた網目を繋ぐことができれば誰でもいいのです。もちろん機械でもいいのです。

しかしコペル君には、「人間分子の関係、網目の法則」観の危険性がよくわかっていないので、そういう「上から見る目」を、「牛の世話をする人、乳をしぼる人、それを工場に運ぶ人、工場で粉ミルクにする人、……」という「横から見る目」の見方と連続したもののように理解して、新発見のように思い込んでいるのです。私はそういう見方と「戦う」必要があることを訴えているのです。

なぜ「ミルク」そのものを考えないのか

ここでもう一つ大事なことを指摘しておきます。それはコペル君が「粉ミルク」の物流過程を問題にすることはあっても、「ミルク」そのものの存在に関心を向けることがないということについてです。このことについてはすでに少し、触れておきましたが、「ミルク」というのは牛でも、人間の母親でも、食べ物を食べて衣食住を保障される「存在給付」があってはじめて生まれてくるものでした。戦時中の食糧難の時に、乳がでない母親達がいかにたくさんいたことか。この**食糧を毎日得るという「循環の存在」を考えることが**、乳やミルクを考えることでした。

しかしコペル君は、その乳やミルクの存在ではなく、それが運ばれてくる流通過程に興味を示しているのです。なぜなら、物流は「つながり」であり、そういう「つながり」は、コペル君の発見したという「分子のつながり」と同じように見えてきていたからです。ここでコペル君は、「ミルク」という存在を見る目と、「粉ミルク」の流通過程を見る目は、違っているということを、おじさんからしっかりと教わらなくてはならなかったのに、それが出来ていないのです。

でもおじさんは、このコペル君の偏った物の見方を、どこまでも褒めようとしています。

君は、「人間分子の関係、網目の法則」という名前より、もっといい名があったら言ってくれ、と手紙に書いたね。僕はいい名前を一つ知っている。それは、僕が考え出したのではなくて、いま、経済学や社会学で使っている名前なんだ。実は、コペル君、君が気がついた「人間分子の関係」というのは、学者たちが「生産関係」と呼んでいるものなんだよ。

（略）

生活に必要なものを得てゆくために、人間は絶えず働いて来て、その長い間に、いつの間にか、びっしりと網の目のようにつながってしまったのだ。そして、君が気がついたとおり、見ず知らずの他人同志の間に、考えて見ると切っても切れないような関係が出来てしまっている。誰一人、この関係から抜け出られる者もない。むろん、世の中には、自分で何も作り出さない人がたくさんあるけれど、そういう人たちだって、ちゃんとこの網目の中にはいっているんだ。生きてゆく上には、一日だって着たりたべたりしないではいられないから、やっぱり、なんとかこの網目とつながっていなければならないわけだろう。働かないでも食べてゆけるという人々は、それはそれで、この網目と、ある特別な関係がちゃんと出来ているんだ。（略）とにかく、ここに言ったような関係が人間の間にあって、それを学者たちは、「生産関係」と呼んでいる。つまり君は、粉ミルクから考えていって、この関係に気がついたのだ。（89〜93頁）

おじさんはここで、「人間分子の関係」というのは、学者たちが「生産関係」と呼んでいるものだと言っています。社会主義圏の学者たちが、**「人間関係」を「生産関係」とみなしている考え**をここでそのままスライドさせてコペル君に伝えているのです。しかし「生産関係」というのは「上から見る目」で見た人間関係にすぎません。「人間関係」を「生産関係」としてしか見ようとはしなかった社会主義国が、その後に崩壊していったことは、こういう人間の見方が非人間的なものだったからです。それなのになぜまた今ごろになって「人間関係」を「生産関係」だというようなことを主張する本を評価しようとするのか本当に不思議です。もちろん、先にも言いましたが、だから資本主義圏では人間関係を大事にしているかというと、それは全くそういうわけではありません。資本主義圏でも人間を分子と見なしているのは同じだからです。

人間同士の関係は、お互いが「目の高さ」で、お互いを「目・口・尻」として存在することを大事にするところからはじまっています。それは人間を「横から見る目」で見つめるということを忘れないということでもあります。でも「生産関係」としてみるというのは、「分子」として「取り替え」のきく存在として「上から見る目」で見ているにすぎません。先にも述べたように、人間関係を捉えるには、**「横から見る目」と「上から見る目」が組み合わされていなくてはならない**のです。

実はおじさんは、コペル君に「人間関係は生産関係だ」というような言い方をしながらも、本当にそういう言い方でいいのかの疑問は持っていたのです。彼は次のようにも言っていたからです。

君が発見した「人間分子の関係」は、この言葉のあらわしているように、まだ物質の分子と分子との関係のようなもので、人間らしい人間関係にはなっていない。
だが、コペル君、人間は、いうまでもなく、人間らしくなくっちゃあいけない。人間が人間らしくない関係の中にいるなんて、残念なことなんだ。たとえ「赤の他人」の間にだって、ちゃんと人間らしい関係を打ちたててゆくのが本当だ。――もちろん、こういったからといって、何も、いますぐ君にどうしろ、こうしろというわけではない。ただ、君が大人になってゆくと共に、こういうことも、まじめに心がけてもらいたいものだと思っていうんだ。これは、人類が今まで進歩して来て、まだ解決の出来ないでいる問題の一つなんだから。
（97頁）

ここにきて、おじさんは「『人間分子の関係』は、この言葉のあらわしているように、まだ物質の分子と分子との関係のようなもので、人間らしい人間関係にはなっていない」と正論を語っています。なぜもっと早くにそのことをコペル君に伝えなかったのかと思いますが、それはおじさん自身がうまく理解できていない事柄だったからです。というのもおじさん自身、「人間らしい人間関係」がどういうものであるかうまく言い当てることができていないからです。おじさんは確かに「人間は、いうまでもなく、人間らしくなくっちゃあいけない。人間が人間らしくない関係の中にいるなんて、残念なことなんだ。」とも言っていましたが、そのうまくわからない原因について、「これは、人類が今まで進歩して来て、まだ解決の出来ないでいる問題の一つなんだ」というふうに、人類の課題にしてしまっています。

私は、**それは人類の課題なのではなく、おじさんの思考法の欠点から来ている**のだ、と指摘したいと思います。その欠点とは、人間の「偉大さ」を「上から見る目」にしか置けていない、という欠点です。つまり「人間らしくなくっちゃあいけない」とか「人間らしい人間関係」という場合の「人間」というのは、「眼・口・尻」を持つ存在として見るということで、それは「等身大の姿を見失わない」「存在給付を受ける」ものであることを忘れないということなのです。でもおじさんにはその視点をしっかりとつかむことができていないのです。それでも、コペル君への手紙の最後に、おじさんはこう問いかけることは忘れないのです。

では、本当に人間らしい関係とは、どういう関係だろう。(97頁)

とても大事な問いかけです。おじさんには答えられない問いかけですが、でもおじさんは無理して次のように「答え」らしきものをコペル君に伝えようとしています。

君のお母さんは、君のために何かしても、その報酬を欲しがりはしないね。君のためにつくしているということが、そのままお母さんの喜びだ。君にしても、仲のいい友だちに何かしてあげられれば、それだけで、もう十分うれしいじゃないか。人間が人間同志、お互いに、好意をつくし、それを喜びとしているほど美しいことは、ほかにありはしない。そして、それが本当に人間らしい人間関係だと、——コペル君、君はそう思わないかしら。(97〜98頁)

「お母さん」との関係を「本当に人間らしい関係」のお手本に持ってくるのはどうかなと思います。「お母さん」というのは、「君のために何かしても、その報酬を欲しがりはしない」とか「君のためにつくしているということが、そのままお母さんの喜び」になっているような人とは一概にはいえないからです。この献身的、自己犠牲的に振る舞う人のあり方が、「本当に人間らしい関係」だとおじさんはいうのですが、それは本当かと私たちは尋ねなくてはなりません。この相

互性、双方性のない、一方的な献身のあり方を、「人間らしい関係」だとみなしていいのですかと。

「仲のいい友だちに何かしてあげられれば、それだけで、もう十分うれしいじゃないか」といういいかたも一方通行的な関係をいっています。もちろんその後に、「人間が人間同志、お互いに、好意をつくし、それを喜びとしているほど美しいことは、ほかにありはしない。」というように「お互いに」という相互的な言い回しも使われてはいますが、それは「お互いに、好意をつくし、それを喜びとしている」場合のことなのです。「好意」を持たない相手もいるわけで、そういう人たちとの関係も含めて「人間関係」はあるわけですが、おじさんは、そういう関係への言及は避けています。そこにおじさんの弱点、それはひいては作者、吉野源三郎氏の弱点でもあるのです。この作者の弱点については、別な章を検討したときにもう一度取り上げることになるでしょう。

四　貧しき友――「労働する人」の話へのすり替え

貧しい豆腐屋の浦川君

　ある日、コペル君は休みの続く浦川君のお見舞いに行こうと考え、はじめて墓地の近くの細い路地の入り組んだところにある長屋に入ってゆきます。そしてそこにある浦川君の家が、とても貧しい豆腐屋で、留守をしている父の代わりに、油揚を揚げる手伝いをしている彼の姿に出会います。風邪を引いて休んでいたわけではなかったのです。そこで彼の屈託のない母親や、彼の働きが一家を支えていることをつぶさに知ることになります。彼が授業中、居眠りをしがちだったのは、彼が家に帰るとこういう仕事をしていたからであることもわかってきました。

　コペル君は浦川君とうち解けて話をする中で、彼の父が、店の資金を調達するために、遠くの親戚まで出かけていることを知ります。そして一家で仕事をしなければ暮らしていけない、貧しい暮らしぶりであることを知らされます。そして最初の「アブラゲ事件」は、この浦川君の貧しい生活があって、起こっていたのだということに読者は気がつかされるようになっています。

そういう意味では、この章はそのまま読まれたらよい章です。「貧しさ」とはなにか、「貧しい暮らし」とは何かについて、読者がさまざまな思いを持って読まれたらいい章だと思います。私としては、こういう章が「横から見る目」で書かれているところをしっかりと指摘できればと思います。浦川君が学校を休んでいたのは、この豆腐屋に住み込みで働いている若い人がいて、その人が風邪で寝込んでいた代わりをしなくてはならなかったからですが、ここでコペル君が見た光景は、お互いに「世話」をし合う人々の姿でした。

それにしても、これだけ貧しい浦川君が、どうして財閥ばかり集まる中学に入っているのか、ということが改めて気になるところです。成績優秀で、というのなら、それもわかるのですが、「二　勇敢な友」の項で見たように、成績は良くないし、運動神経もなく、授業中は居眠りしているというふうに描かれる浦川君が、なぜこのクラスに居るのかということです。とりあえずは、作品の設定がそうなっているので、そういうふうに受けとめるしかないのですが、この設定に作者の故意の設定があることは指摘しておきます。というのも、その設定が、もし貧しい浦川君を読者に知ってもらうがために、入学できないはずの財閥の息子達のはいる中学にわざと入れていたというのなら、**その「故意の設定」から見えてくるものが何なのか**、意識しておいたほうがいいと思うからです。

ところで、この章で一つ気になるところがあります。それはコペル君が浦川君の家に訪問したことではなく、そのことを報告したコペル君の手紙に対して書いた、おじさんの返信の中身についてです。

おじさんは、コペル君の訪問を高く評価して、コペル君に貧しい浦川君をさげすむようなことをしていないことを誉めたたえています。「もしも君が、学校の成績のよいことを鼻にかけたり、浦川君のうちの貧しいことを軽蔑したりして、一段高いところから浦川君を援助してやるという態度をとったら、おとなしい浦川君だって、決してそんな好意を、喜んで受けはしなかったに違いない。」とか「とりわけ、君が、浦川君のうちの貧乏だということに対して、微塵も侮る心持をもっていないということは、僕には、どんなにうれしいか知れない。」というふうに書き、そして、「君と浦川君と、二人が二人とも、素直なよい性質をもっていた」とか「浦川君が素直な、やさしい性質の人だったから」というふうに「評価」しているところがとても気になりました。

ここに「素直な」とか「やさしい性質」とか「よい性質」というような形容が並べられている心のあり方は一体何なのでしょうか。おじさんはここで二人が、怒ったり、文句を言ったりするような人に育っていないところを高く「評価」しているのです。そしてコペル君自身も、後に、こういうおじさんの求める人間像に引き寄せられるかのように、「いい人」であろうという意思表明を何度もすることになっています。

おじさんが貧しい家の浦川君に「素直な、やさしい性質の人」を認めて評価するのはなぜなのでしょうか。おじさんはそのことについて、次のように書いていました。

貧しい暮しをしている人というものは、たいてい、自分の貧乏なことに、引け目を感じながら生きているものなんだよ。自分の着物のみすぼらしいこと、自分の住んでいる家のむさ苦しいこと、毎日の食事の粗末なことに、ついはずかしさを感じやすいものなのだ。もちろん、貧しいながらちゃんと自分の誇りをもって生きている立派な人もいるけれど、世間には、金のある人の前に出ると、すっかり頭があがらなくなって、まるで自分が人並みでない人間であるかのように、やたらにペコペコする者も、決して少なくはない。こういう人間は、無論、軽蔑に値する人間だ。金がないからではない。こんな卑屈な根性をもっているという点で、軽蔑されても仕方がない人間なのだ。（128〜129頁）

ずいぶんとひどいことをおじさんは書いている、と読みながら思います。貧しい人は引け目を感じているが、中には「自分の誇りをもって生きている立派な人もいる」というのです。そして「金のある人」の前では「まるで自分が人並みでない人間であるかのように」ペコペコする者がいるけれど、「こういう人間は、軽蔑に値する人間だ」と言い切り、そういう人を「卑屈な根性をもっている」といい、「軽蔑されても仕方がない人間」だと断定すらしているのです。仕事のない時代に仕事にありつけただけでもありがたいと思う人は、その雇い主に気に入れられようと立ち振る舞うわけで、それが「ぺコぺコ」に見えるとしても、そうすることによってしか自分の印象を雇い主に認めてもらえない時代は、たいていの人はそうしたものです。軽蔑すべきなのは、そういうふうに「ぺコぺコ」させることで、自分や会社への忠誠心を測っていた雇い主のほうや金持ちのほうなのに、**おじさんはぺコぺコするほうに「軽蔑されてもしかたがない人間」や「卑屈な根性」を見ている**のです。

『路傍の石』には、優等生の主人公・吾一が、貧しくて中学へ行けなくなり、劣等生の同級生の問屋に丁稚に就職する悲しい場面が描かれています。そこでは、劣等生だった同級生を「おぼっちゃん」と呼ばなくてはならなくなり、片思いをしていたそこの娘の下駄を揃えたりしなくてはならなくなります。彼は毎日「ぺコぺコ」しなくてはならないことをたたき込まれているのです。でもおじさんからしたら、そういう「ぺコぺコ」する吾一は「軽蔑されてもしかたがない人間」になるのです。おじさんはそれでも、たとえ貧乏をしていても「高貴な心」を持っていれば、それはまた別なのだと説明したりしています。

おじさんの「貧しい人」のランク付け

人間の本当の値打は、いうまでもなく、その人の着物や住居や食物にあるわけじゃあない。どんなに立派な着物を着、豪勢な邸に住んで見たところで、馬鹿な奴は馬鹿な奴、下等な人間は下等な人間で、人間としての値打がそのためにあがりはしないし、高潔な心をもち、立派な見識を持っている人なら、たとえ貧乏していたってやっぱり尊敬すべき偉い人だ。だから、自分の人間としての値打に本当の自信をもっている人だったら、境遇がちっとやそっとどうなっても、ちゃんと落着いて生きていられるはずなんだ。（130頁）

おじさんは、どうしても「馬鹿な奴」や「下等な人間」と「高潔な心」「立派な見識」「尊敬すべき偉い人」をもった人を区別したいらしく、そこに「人間としての値打」の差を付けたいのです。そしてそういうことを言いながら、くり返し「貧しい人」をさげすんではいけないとか、「貧しい人たち」がたくさんいることを忘れてはいけないというのです。

もしも君が、うちの暮しのいいことを多少とも誇る気になったり、貧しい人々を見さげるような心を起こしたら、それこそ君は、心ある人からは冷笑される人間になってしまうのだ。人間として肝心なことのわからない人間、その意味で憐れむべき馬鹿者になってしまうのだ。無論、君は浦川君のうちに行っても、少しも高ぶった様子はしなかった。貧しい人々をさげすむ心持なんか、今の君にさらさらないということは、僕も知っている。しかし、その心持を、大人になっても変わらずに持ちつづけることが、どんなに大切なことであるか、それはまだ君には分っていない。

（略）

よく覚えておきたまえ、――今の世の中で、大多数を占めている人々は貧乏な人々だからだ。そして、大多数の人々が人間らしい暮しが出来ないでいるということが、僕たちの時代で、何よりも大きな問題となっているからだ。（以上131頁）

おじさんは、いかにもこの「大勢いる貧しいひとびと」の味方のようなことをいっているのですが、**おじさんの頭の中にある「貧しい人々」のイメージは、ずいぶんと偏っています。**実際には家柄や職業の違いという理由で貧しくなっている人と、学歴や知的な好奇心に向かないことで貧しい暮らしを強いられる人たちなどがいるわけですが、おじさんは、そのなかでも「馬鹿な奴」や「下等な人間」は「軽蔑」しているのです。知的に遅れのある人や、寝たきりの重度の障害者などは、もちろん眼中には入っておりません。なぜおじさんはそのような「区別」を立てているのか、その「区別」の仕方を読者は見のがしてはいけないのです。

おじさんはこの後、浦川君の家は貧しいといっても、まだ豆腐を作る機械や住み込みの店員さんを雇っているのだから、息子を中学に入れることができている。世間にはもっと貧しい家がたくさんあるとコペル君に注意をうながしています。そして昨年の夏に、お母さんと三人で房州にいったとき、高架線の上から大小さまざまな煙突が林のように立ちならんでいたことを振り返り、あの「煙突の一本、一本の下に、それぞれ何十人、何百人という労働者が、汗を流し埃にまみれて働いていたんだ」と話をしていました。そしてそういうふうに働く人たちが「日本中どこにいっても、――いや、世界中どこにいっても、人口の大部分を占めているのだ。あの人たちは、日常、どんなにいろいろな不自由を忍んでゆかなければならないことだろう。何もかも、足らない勝ちの暮しで、病気の手当さえも十分には出来ないんだ。まして、人間の誇りである学芸を修めることも、優れた絵画や音楽を楽しむことも、あの人々には、所詮叶わない望みとなっている。」（134頁）と説明していました。

おじさんはこうした貧しい労働者の現状をコペル君に何とか知らせようとしていて、それはそれで、時代を超えて読者の心に伝わるものがあると思います。おじさんはそんな現状に怒りを覚えながら人間であるからには、すべての人が人間らしく生きてゆけなくては嘘だ。そういう世の中でなくては嘘だとしてこう訴えています。

この世の中に貧困というものがあるために、どれほど痛ましい出来事が生まれて来ているか。どんなに多くの人々が不幸に沈んでいるか。また、どんなに根深い争いが人間同志の間に生じて来ているか。（略）

なぜ、これほど文明の進んだ世の中に、そんな厭なことがなお残っているのだろうか。なぜ、この世の中から、そういう不幸が除かれないでいるのだろうか。（135頁）

おじさんが「貧困」に関心を持ち続けていることにはとても共感できます。そして、そういう実情を知るためには「勉強」が必要で、いまコペル君が「勉強の出来るところにいることを「ありがたい」と思わなくてはいけない」と忠告しています。それも全くそうだと思います。おじさんの指摘していることはもっともなのに、それでもどこかしら考え方についていけないところが感じられるのです。そこはどこかということです。

「貧しい人」の話から「労働する人」の話へ

先に**おじさんが、貧しい人の中に「下等」だとか「下品」だとか「軽蔑」する人たちがいるという、ランク付けしている話**を見てきましたが、それでいて、コペル君が貧しい浦川君をさげすむようなことをしていないので偉いと持ち上げたかと思うと、「君は、自分の方があの人々より上等な人間だと考えるのも無理はない」などと言ったりしています。

おじさんは何をコペル君に伝えようとしているのか、と思います。でもここでは、貧しい人のことを、今までの言い方とはちょっと違ったふうにおじさんは言っています。こういうふうにです。「あの人々こそ、この世の中全体を、がっしりとその肩にかついでいる人たち」だとか、「君なんかとは比べものにならない立派な人たちなんだ」というふうにです。おじさんに何か心変わりがあったのかと思いたくなるような「いい評価」を貧しい人たちに下しています。

この「評価」はでもおじさんの心変わりではないのです。ここにも、ちょっとしたカラクリがあります。それは、ここからおじさんの取り上げているのが、「貧しい人」の話ではなく、**「労働する人」の話にすり替えられていた**からです。おじさんは「貧しい人」の話の時にはランク付けをしたりしていても、「労働する人」の話になると、人が変わったみたいに生き生きとして、最上級の言葉で「たたえ」ようとがんばるのです。

考えて見たまえ。世の中の人が生きてゆくために必要なものは、どれ一つとして、人間の労働の産物でないものはないじゃあないか。いや、学芸だの、芸術だのという高尚な仕事だって、そのために必要なものは、やはり、すべてあの人々が額に汗を出して作り出したものだ。あの人々のあの労働なしには、文明もなければ、世の中の進歩もありはしないのだ。

ところで、君自身はどうだろう。君自身は何をつくり出しているだろう。世の中からいろいろなものを受取ってはいるが、逆に世の中に何を与えているかしら。改めて考えるまでもなく、君は使う一方で、まだなんにも作り出してはいない。毎日三度の食事、お菓子、勉強に使う鉛筆、インキ、ペン、紙類、——まだ中学生の君だけれど、毎日、ずいぶんたくさんのものを消費して生きている。着物や、靴や、机などの道具、住んでいる家なども、やがては使えなくなるのだから、やはり少しずつなし崩しに消費しているわけだ。して見れば、君の生活というものは、消費専門家の生活といっていいね。（138～139頁）

人間を、生産者と消費者の二つに分けて、生産する人は何かを産み出す人で、消費する人はその恩恵を受けている人で、どちらが大事かといえば、とうぜん生産なしには消費はあり得ないわけだから、生産者が優位にある、という考えがここで示されています。かつての社会主義圏では、ほとんどの指導者はこういうことを言っていました。こういうふうに考えると、赤ちゃんや、子ども、学生、芸人、芸術家、病人、老人、そのほか生産に従事しない人たちは、「**消費専門家**」のように位置づけられて、生産者より一段下のようにイメージされてきたものでした。

おじさんもこういうふうに「生産者」優位のことを言いながらも、さすが、こういう考えが見せる人間観の片寄りにも気がついていて、次のようにも言い換えています。

無論、誰だって食べたり着たりしずに生きちゃあいられないんだから、まるきり消費しないで生産ばかりしているなんて人はない。また、元来ものを生産するというのは、結局それを有用に消費するためなんだから、消費するのが悪いなどということはない。しかし、自分が消費するものよりも、もっと多くのものを生産して世の中に送り出している人と、何も生産しないで、ただ消費ばかりしている人間と、どっちが立派な人間か、どっちが大切な人間か、――こう尋ねて見たら、それは問題にならないじゃあないか。生み出してくれる人がなかったら、それを味わったり、楽しんだりして消費することは出来やしない。生み出す働きこそ、人間を人間らしくしてくれるのだ。これは、何も、食物とか衣服とかという品物ばかりのことではない。学問の世界だって、芸術の世界だって、生み出してゆく人は、それを受取る人々より、はるかに肝心な人なんだ。

だから、君は、生産する人と消費する人という、この区別の一点を、今後、決して見落とさないようにしてゆきたまえ。この点から見てゆくと、大きな顔をして自動車の中にそりかえり、すばらしい邸に住んでいる人々の中に、案外にも、まるで値打のない人間の多いことがわかるに違いない。また、普通世間から見くだされている人々の中に、どうして、頭をさげなければならない人の多いことにも、気がついて来るに違いない。（139〜140頁）

「消費」も悪いだけではないと言いながらも、ここでもおじさんは人間を「生産する人」と「消費する人」に分ける分け方にはこだわり、どちらが大事か考えてみたまえとコペル君に問いかけています。でもそういう問いは見かけの問いであって、おじさんの頭の中にはすでに**「生産する人」が優位に位置づけられている**のは変わりません。そしてその区別の中に、「立派な人間」とか「大切な人間」を見出すようにコペル君に求め、暗黙のうちに「立派でない人間」「大切でない人間」をそこからイメージするように誘導しています。ここには「生産する人」が「労働者」として位置づけられていて、「労働する人」「労働できる人」が優れた人なのだという社会主義圏の人間観が色濃く反映されています。

そういう意味では、おじさんの頭の中の「人間」のイメージは「労働する人」が基準になるように、狭く設定されているのです。その「労働する人」が「生産する人」であるかぎりにおいて、その人は「立派」だとされるのです。

しかしなんども見てきたように、「人間」とは、赤ちゃんから老人まで、健康な人から病気の人まで、さまざまな人がいるわけで、その中で「労働できる人」は限られています。しかしおじさんは、その限られた人たちの中に、「立派」で「大切」な人間を見て、その他の人間は、「立派」でも「大切」でもないようにイメージしています。ここから、おじさんも、偏った人間観の持ち主であることがわかります。

そのことは、おじさんが、「この点から見てゆくと、大きな顔をして自動車の中にそりかえり、すばらしい邸に住んでいる人々の中に、案外にも、まるで値打のない人間の多いことがわかるに違いない。」などというときによく現れています。この一文を読む読者は、きっと会社の社長や息子たち、あるいは芸能人やその息子たちをイメージし、そうだそうだと思うかも知れません。でも、だからといって、そこに「まるで値打のない人間の多いことがわかる」というのは、**社会問題と人間の価値観を混同させている物の見方**です。そういう見方をおじさんはコペル君に伝授しようとしています。そして最後に、コペル君と浦川君の違いをこう指摘して長い手紙を終えています。

コペル君、この点こそ、——君たちと浦川君との、一番大きな相違なのだよ。

浦川君はまだ年がいかないけれど、この世の中で、ものを生み出す人の側に、もう立派にはいっているじゃあないか。浦川君の洋服に油揚のにおいがしみこんでいることは、浦川君の誇りにはなっても、決して恥になることじゃあない。

（略）

君は、毎日の生活に必要な品物ということから考えると、たしかに消費ばかりしていて、なに一つ生産していない。しかし、自分では気がつかないうちに、ほかの点で、ある大きなものを、日々生み出しているのだ。それは、いったい、なんだろう。

コペル君。

僕は、わざとこの問題の答をいわないでおくから、君は、自分で一つその答を見つけてみたまえ。（140〜141頁）

なぜおじさんは、こんな大事な問いに「わざ」と「答え」を出さないでおく、などというのでしょうか。たぶん、「わざ」と「答え」を出さないのではなく、出せないのではないかと、考えておくことも必要です。

というのも、ここでおじさんは、浦川君が「生産する人」になっているのでコペル君より「立派」だといい、改めて「生産者」優位の人間観を提出しているのですが、でも自分の立てている「生産する人」と「消費する人」の区別が、現実的でないこともどこかで感じているのです。だから、コペル君たち「学生」という存在が、「消費ばかりしていて何も生産しない」ことを、「非難しているわけではない」と言い訳をしています。非難されるべきは、おじさんの考える**「生産者」と「消費者」と二分する人間観の貧しさ**のほうにあるのに、おじさんはこの二分法に、どこまでもこだわる思考法に捕らわれていて、「消費する人」を持ち上げることができないのです。

でもそれでは、現実に則した助言が言えなくなるので、最後にこう言わざるを得なくなっているのです。「消費ばかりしている」ように見える人でも、「自分では気がつかないうちに、ある大きなものを、日々生み出している」というふうに。そして、「それは、いったい、なんだろう」とコペル君に投げかけるのです。「僕は、わざとこの問題の答をいわないでおくから、君は、自分で一つその答を見つけてみたまえ。」と。

ここまで見てくると、「労働者」優位、「生産者」優位の思考法に染まっているおじさんの立場からは、どう転んでも「答え」を出すことはできないことがわかります。**おじさんの思考法からは、赤ちゃんや老人や病人や障害者などの「労働」に携われない人たち、「生産」に携われない人たちの存在の仕方を肯定する発想は出てこない**からです。でも、その出てこない自分の思考法の不備を棚に上げて、自分はその「答」を知ってはいるけれど言わないでおくので、コペル君が自分で考える宿題にしておくというのです。おじさんは「ずるい」ことをしているのです。

五　ナポレオンと四人の少年――漫画版でカットされた「かつ子さん」

正月の五日、コペル君と北見君と浦川君は、連れだって水谷君の豪邸に遊びに行きました。すでに「二」で説明はしていますが、水谷君の父は財閥で実業家です。「水谷君のお父さんというのは、実業界で一方の勢力を代表するほどの人でした。方々の大会社や銀行の取締役とか、監査役とか、頭取とか、主な肩書を数えるだけでも、十本の指では足りません。」とも書かれていました。屋敷も「海を見晴らす高輪《たかなわ》の」「こんもりと木立の茂った高台に」ある大きな洋館です。「邸のまわりに鉄柵をめぐらし、スレートで葺いた高い屋根の上には風見がついている」と描写されています。

ちなみにみんながお昼をご馳走になる場面も、この後で次のように描かれていました。「おひるの食事は、本館の食堂で、水谷君のお母さんや兄さんもいっしょに、大勢揃ってたべました。高い天井からは、豪奢な飾り電灯がさがって、くすんだ金色の壁には、大きな油絵の額が掛けて

あります。食卓の上には、温室咲きの見事な花が盛りあげてあり、テーブル掛けは真っ白でした。」(161頁)

そこでコペル君たちは、水谷君のお姉さんのかつ子さんに出会い、彼女のナポレオンを英雄と讃える「演説」を聞くことになります。かつ子さんは髪を短く切って「女のくせにズボンをはいている」と表現される娘さんなのですが、そのせいなのか「ナポレオン」がお気に入りで、「あたし、男だって、女だって、英雄的精神をもたなくっちゃいけないと思うの。」といいながら、一八〇七年七月にドナウ川をはさんだナポレオンの率いるフランス軍とオーストリアとロシアの連合軍との戦いの話を四人の少年たちに話して聞かせています。かつ子さんは、そのナポレオンの話を、どこの誰から聞いたのか、はたまたどの本を読んで得た話なのかわからないのですが、話の中身からすると、どうも「講談」じみたところが気に入っている感じです。その「講談」のような話とは、ロシアとの戦いの中で、勇敢に攻めてきたとされるコサック兵の話です。

ロシアには有名なコサック騎兵があるでしょう。これが、何度も、何度も、ナポレオンの本営の近くまで襲撃して来たのよ。何百人の騎兵がひとかたまりになって、まるで海嘯《つなみ》のように、フランス軍の前線を踏み破っちゃあ、押しよせて来るの。(略)やっとのことで撃退するんだけれど、撃退したかと思うと、またも、新手のコサック兵が、死物狂いの勢いで、味方の死屍《しかばね》を乗り越えて襲って来るの。(149頁)

こういうふうな「味方の死屍《しかばね》を乗り越えて襲って来る」というようなところは、イメージするだけでも気持ちが悪いものですが、かつ子さんはそういうところに興味を持っているのです。そして、そういう敵の「勇敢なコサック兵の戦い」を丘の上からナポレオンが見ながら、こう言ったという話をコペル君たちにするのです。

ナポレオンは敵のコサックに、――敵のコサックに見とれちまったのよ。「何という勇敢さだ！　何という勇敢さだ！」そういってナポレオンは、自分の本営間近まで繰返し繰返し攻めて来るコサックを、感歎して見ていたんですって。自分の身の危険なんか忘れちまって……。実際すばらしいじゃないの。（150〜157頁）

フランス革命のあと、ナポレオンがヨーロッパ全土に向けて仕掛けていった無謀な戦争の大事なところを、四人の少年に語って聞かせるというのならわかるのですが、かつ子さんは、こういう「味方の屍を乗り越えて」攻めてくるという兵士の姿や、「丘の上」からそれを見て「勇敢だ！」と讃えるナポレオンの姿にえらく心を奪われ、頬を赤く上気させながら「講談」のように話をしているのです。

「本当に偉いと思うわ。――考えてごらんなさい、戦争よ。負けたら、命が危い場合よ。お互いに、相手を倒すか、自分が倒されるか、必死の場合よ。その中で、敵の戦いっぷりをほめるなんて、――敵の勇敢さに見とれるなんて、実際、立派だわ。実際、男らしいわ。」

かつ子さんは、興奮して、うっとりと遠くを眺めるような眼をしました。コペル君は、かつ子さんを、美しいなあと思いました。（151頁）

陳腐なことが賛美されているくだりです。少年たちは、それでその戦いにナポレオンが勝ったのか負けたのかと聞くのですが、かつ子さんは、当然ナポレオンが勝ったのよと言い、でも「勝ち負けが問題ではないのよ」と言って次のようなことを言っています。

「勝ったって、負けたって、英雄は英雄よ。いや、負けても偉大なのが英雄というものよ。速夫さん、男の癖にわかんないのかなあ。」（略）

「無論、戦争する以上、誰だって負けたいと思う者はないわ。」（略）

「それに、人間は誰だって命が惜しいわ。誰だって、怪我するのいやだわ。戦争ってもの、あたし、まだ見たことないけど、実際にそこに行ったら、ずいぶんこわいもんだろうと思うわ。誰だって、はじめての時は、きっとガタガタ震えるに違いないのよ。」「だけど人間は、英雄的精神に燃えれば、そのこわさを忘れてしまえるんだわ。どんな苦しいことでも乗越えてゆく勇気がわいて、惜しい命さえ惜しくなくなってしまうんだわ。あたし、それが第一すばらしいことだと思うの。人間が人間以上になることだもの」(152〜153頁)

書き写していても気持ちの悪くなる「迷演説」です。ここで讃えられているのは、「人間は、英雄的精神に燃えれば、そのこわさを忘れてしまえる」とか「どんな苦しいことでも乗越えてゆく勇気がわいて、惜しい命さえ惜しくなくなってしまう」とか「人間が人間以上になること」を讃える話の展開です。よくこんなことが女学校の生徒に言えるもんだと思える話の中身です。

この作品全体を高く評価する「解説」を書いていた丸山真男氏でも、このかつ子さんにはこう書かざるを得ませんでした。

「この作品は、二十歳台の青年だった私に、目からうろこの落ちるような思いをさせたパッセージに充ちていた、とはいいながら、そのなかに多少の違和感を覚えさせた個所や人物もありました。たとえば、人物についていうならば、水谷君のお姉さん——あのおかっぱ髪をしたブルジョワ令嬢の「かつ子さん」の言動は、著者がそれをどのように位置づけているのか、もう一つはっきりしないためもあって、私に、何をいうかこのなまいきな小娘が、という印象を与えたことは否めません。」(326頁)

だれもが共感するような丸山氏の「怒り」です。でも、誰もがそういうふうに思うかつ子さんの言動を、吉野源三郎氏が全く意識しないで書いていたようにも思えないのですから困ったものです。
だから、ここは大真面目に、なぜ作者は、このような「命も惜しくなくなる」「英雄的精神」の話を、四人の少年に語って聞かせているのかと問いたいと思います。それも若い女性の言葉を借りて、「男のくせに、この英雄の凄さがわからないの」と言わんばかりに。少年たちはかつ子さんの「迷演説」に圧倒されながらも、神妙に聞いているので、さらにかつ子さんはダメ押しをするかのように、何度も言葉を変えながら語っているのです。ですから、丸山氏のように「何をいうかこのなまいきな小娘が」と切り捨てるだけではなく、その真意は問わなくてはなりません。

かつ子さんはここでくりかえし「死ぬことが恐ろしくない」という話をし、それが「英雄的精神」を持てば可能であることを語っています。普通に考えれば、この本の書かれた次の年には、中国や西洋の列強と日本との大きな戦争が始まるわけで、そのために**「死を恐れない若者」になることを伝導する目的でこういう話が語られているのでは、と考えるしかない**ものです。そして、かつ子さんは、このあとナポレオンがライプチヒの戦いで負けてフランスへ帰って来たときの話をしています。

結局ナポレオンは戦いに負け、エルバ島へ島流しにされたという話をかつ子さんはして、それでもこういうのです。

「ナポレオンの行先には、どうしても勝てない不幸な運命が待ってるのに、ナポレオンは、やっぱり、そこへ向かって攻めかけてゆかずにいられなかったんだわ。敵に打ち倒されるまでも、敵に頭を下げて降参することが出来なかったんだわ。」（157頁）

少年たちは、このナポレオンの最後の話を聞き「ナポレオンの運命に大いに同情を感じ、なんだか悲壮な気持がして来ました」と作者は綴っています。

この「おびただしい若き兵士の死」をなんとも思わずに、大きな戦争を何度も実行していったナポレオンは「人命の浪費者」とも呼ばれてきました。その「死を恐れない」というあり方を、かつ子さんを通してにしろ、これだけ持ち上げるように「評価」して作者が描くのは、やはり訳があるのだと思います。

もちろん現代の感覚からすればかつ子さんの「迷演説」は陳腐で醜悪な、若者を戦争に駆り立てるアジテーションのように見えるのは当然だと思います。だから羽賀翔一氏の描く漫画本には、かつ子さんは登場せずに、代わりに腕力の強い「北見君」が自分からナポレオンの伝記をおじさんの家に探しに行くという設定に改変されているのは理解できます。漫画本で、かつ子さんを登場させ、あの「迷演説」を再現させても、読者に受け入れられるとは、とうてい思えなかったからです。しかし、だからといって吉野源三郎作『君たちはどう生きるか』からかつ子さんの存在や、「迷演説」を取り除くことはできないのですから、その意味については、都合が悪いといって回避するのではなく、受けとめて問題点を考えなくてはなりません。

ナポレオンの立った「高み」とコペル君の近さについて

問題点はいくつもあります。

① なぜ日中戦争の始まる直前にナポレオン賛歌の話を導入したのか。

② なぜナポレオンを「英雄精神」の持ち主としてとりあげたのか。

③ 「英雄精神」をなぜ「死を恐れぬ精神」として特徴付けたのか。

このことを理解するには、『君たちはどう生きるか』の出版された時代のナポレオン研究やその大衆的な紹介のされ方を調べてみなくてはなりませんが、でも、そういうことを調べる力量は今の私にはありませんので、二、三のわかる範囲での指摘だけはまずしておきます。たとえば、鶴見俊輔氏のお父さんの鶴見祐輔氏に『英雄待望論』(講談社一九二八年)、と『ナポレオン』(一九三一年)があって、戦後出版された祐輔氏の『新英雄待望論』(一九五一年)の中で、戦前の『英雄待望論』は五十万部売れたと自慢げに書いていました。かつ子さんの「迷演説」に使われていたような箇所は、鶴見祐輔氏の本には見つけることができなかったのですが、すでに「英雄」の話や「ナポレオン」の話は、戦前の人々の間に大きな人気があったことは、それからもわかります。

結局、かつ子さんが得ていたナポレオン情報の出所はわからないのですが、それでも、なぜかつ子さんが「英雄」の話に感激をしていたのかは、どうしても考えておかなくていけないと思います。それは現実の「戦争」が間近に迫っていたからということもあるのですが、そのことを指摘したからと言って、「英雄」や「英雄精神」に憧れる人々の気持ちがわかったことにはならないからです。

確かにナポレオン（一七五八―一八二一年、五十二歳で死去）は、二十三歳で大尉になってから、およそ十年たった一八〇四年三十五歳の時に「皇帝」にまでのし上がり、フランスを中心にヨーロッパを支配下に置いた前代未聞の人物でした。そういう行動は、通常の思考法では成し遂げられないので、人々は彼を「英雄」と呼ぶしかなかったのです。

でもここで指摘したいことは、ただ一つです。それはナポレオンが、飛行機のまだ発明されていない時代に、まるで**雲の上からヨーロッパを見おろすような思考法**が取れるようになっていたということについてです。多くの国の指導者は、大なり小なり「高み」から国を見おろすことができてゆくのですが、ナポレオンは、他の国の指導者が上れないような「高み」にまで登って、各国の状況を鳥瞰することができていたということなのです。

そういうことができるには、各国の情報を細かく手に入れる情報網をしっかりと作っていなくてはなりません。またそうした各国の情報を、「地図」として図形化し、それをつなぎ合わせ、いつどこでなにが起こっているか、その情報を誰よりも早く手に入れていなくてはなりません。そういう仕組みをナポレオンはすでに作っていました。だから、どこに各国の弱点があるのかを見抜き、つねに祖国フランスの政情を有利にするには、どこと戦えばいいのかを瞬時に判断をし、実行にうつすことができていたのです。まさに近代戦争のための情報収集に最も長けていた人が若きナポレオンだったのです。

この、他の国のどの指導者よりも「高い位置」から「ヨーロッパ」を見下ろせていたことが、彼を連戦連勝の指導者にのし上げ、その「負けない戦争の快進撃」が彼を「英雄」と見なすようにさせていきました。しかし、どんどんと「見る位置」をつり上げる思考法に慣れてゆくとどういうことが起こるかということです。そういう**「高み」から地上を見れば、人間は点の集まりのようにしか見えなくなる**ということです。コペル君が銀座のデパートの上から見たという「分子としての人間」観がこのナポレオンにも発揮されていたのです。

ナポレオンは、この人間を点や分子のように見る位置に立ってはじめて、一度の戦争に何万の人間を集め、そこで誰が死のうが、次から次の兵士の補充をして、人間を「戦うチェスの駒」のように見切ることが出来ていたのです。ナポレオンの伝記に、彼がしばしば「食人鬼」「人命の浪費者」と呼ばれていたことがしるされています。ロシアとの冬の戦争では六十万の兵士を遠征させながら、敗戦し、生還できたのは一％の五〇〇〇人ほどだったと記している戦記もあります。そういう戦争で、おびただしい若者の戦死者を見ても平然としていたとか、彼の本性には人命についてのひどい鈍感化さがあった、などと伝えられているのは、わかるような気がします。

というのも、私がこれまで述べてきたことからいえば、「高い位置から見る目」を持った人は、人間は「点」のように、「分子」のようにしか見えないのですから、その「点」や「分子」が潰れたり失われたりしても、心を動かされることはなかったはずなのです。

ナポレオンの身近にいた人たちの評価に、彼の性格がどことなく幾何学的で、温かさに欠け、才能には恵まれながらも、感情は枯渇していた、というように言い表されているのがあります。いみじくもパスカルが「幾何学の精神」と呼んだものがナポレオンの中で誰よりも肥大化し熟成されていて、その精神のおかげで戦争に連勝し、その精神によって人の死に心を動かされることはなかったように思えるところです。彼が「人間不信」「人間軽蔑」の常習者だったとか、「人間というものを現象か事物のごとく眺め、同類とは思っていない」とか、そういう言い方が伝えられてきているのも、人々を戦争のための「手段」としてしか見ていなかったためで、ロシア侵攻の前に「余は毎月三万人の収入がある」といったという説話などは、まさに兵士を「数字」としてしか見ていないことの現れでした。

こういう「言い伝え」は、「ナポレオン伝説」として山のようにあって、どこまでが事実かわからない、と思われるかもしれません。それはそうで、確かめようのない言い伝えがたくさんありすぎます。それでも、私はここでナポレオンの人格の攻撃をしようとして、こういう「言い伝え」を紹介しているのではなく、「目の高さ」から離れてゆけばゆくほど、人間は「点」や「分子」とみなして平気になるということを指摘しているだけなのです。そして、そういう人間観は、ナポレオンだけではなく「高み」に立つ人になら誰にでも起こりうることで、現にそういうことは銀座のデパートの屋上からコペル君の思考の中からも始まっていた、ということを指摘しているのです。

こういうふうに見てゆくと、**コペル君の「上から見る目」の発想と、ナポレオンの「上から見る目」の近さ**がわかってもらえるかと思います。そしてこういう「上から見る目」は、水谷君やその姉のかつ子さんの暮らす大豪邸の主、お父さんの財閥の力の発想にもつながっているところが見られます。つまり財閥を先導する人たちというのは、他の誰よりも情報を手に入れることのできる人たちで、そういう情報の地図を手に入れて行動できている人たちのことでしたから。

かつ子さんが財閥の娘として、こうしたナポレオンの話に関心を寄せるのも、作品の筋書きとしては、そんなに不自然ではないのです。そして丸山真男氏が解説で、「何をいうかこのなまいきな小娘が」というふうに切り捨てるだけではすまないこともわかってくるというものです。かつ子さんは、いずれ財閥の親族として経営にかかわり、多くの従業員を「点」や「分子」として「上から見る目」で動かしてゆくこともあり得るのですから。

しかしくり返して指摘するように、人間をそうした「上から見る目」によって、「点」や「分子」として見なす見方が、「英雄の精神」として見なされてゆくこと自体が、実はとても問題なのです。かつ子さんのかかえる大きな問題はそこにありました。そして**漫画本は、かつ子さんを絵にしないことでこの大きな問題を読者に見えなくさせていた**のです。

北見君への制裁のうわさ

このかつ子さんの「迷演説」のあとで、北見君が、上級生から殴られるといううわさの話に移ります。コペル君の学校では、柔道部の上級生が中心となって、「学校の気風をもっと引きしめてゆこう」という運動が起こっていました。というのも、上級生から見ると、生徒一般の士気が衰えて、校内にどうもダラケた気分がただよっていていけないというふうに見えていたからです。そして彼らは次のように言っていました。「愛校心のない学生は、社会に出ては、愛国心のない国民になるにちがいない。愛国心のない人間は非国民である。だから、愛校心のない学生は、いわば非国民の卵である。われわれは、こういう非国民の卵に制裁を加えなければならぬ。」（166頁）と。

戦時中の日本の雰囲気を先取りするかのような「非国民なるもの」への批判です。でも上級生たちのこの愛校心が下級生たちには「自分たちの気に喰わない人間は、みんな校風にそむいた人間であり、間違った奴らだと、頭からきめてかかる」ように見え、さらにはそう見える者に対して「それを制裁する資格が自分たちにある、と思いあがっている」ように見えるところがありました。「同じ中学生に、そういう資格はないはず」と思う下級生もいて、その一人に北見君がいたというのです。そんな北見君が、あるときに、わざと上級生に従わなかったことがありました。こんなふうにです。

「僕は、二度ばかり黒川に会ったとき、わざとおじぎをしてやらなかったんだ。それから、昼休みにスポンジボールの場所を取りッくらした時にも、一度、黒川のいうことをきかなかったことがあるんだ。だって、僕の方がちゃんと先に場所をとっといたんだからね。それで、黒川が僕を生意気だと思ってるんだろう。」（168頁）

この北見君の取った態度が、その後大きな出来事になるきっかけを作りました。案の定この後、北見君を黒川たちが、近々「制裁」と称して殴るといううわさが広がっていったのです。そんな噂話をしていると、そこにかつ子さんがやってきて、憤慨しながらまたアジテーションをして、少年たちを扇動します。

「まあ、そんな圧制ッてないわ。北見さん、断じて負けちゃあダメよ。学校は、そんな上級生ばかりの学校じゃあないわ。一年生は一年生で、やっぱり学校の生徒じゃないの。学校の規則にそむかないで、先生のおっしゃることにちがわなけりゃあ、一年生だって威張っていていいんだわ。なにも、そんな柔術屋にへいこらする必要ないと、あたし思うわ。」（170頁）

かつ子さんの激励もあり、四人の少年は対策を考えることになりました。先生に言いつけるという案も出ましたが、北見君がそれは嫌だというので、違う案を考え始めていると、浦川君が別の提案をすることになりました。

「北見君がもし上級生に呼ばれたらさ、僕たちもいっしょについてくんだ。」（略）

「もし、黒川なんかが北見君を殴りそうになったら、僕たちは、僕たちもいっしょに殴れっていってやるのさ。なんにもしない北見君が殴られるなら、僕たちもいっしょに殴られてやるって、そういってやるのさ。そうすれば、まさか殴れやしないよ。」

みんなは、しいんとなりました。

「それでも、殴るっていったら？」

と、かつ子さんがたずねました。

「そうしたら、僕たち、北見君といっしょに殴られるの。仕方がないもの」（172頁）

この浦川君の提案は、**本当はとても奇妙な提案**なのです。北見君が個人的に、わざと反感を持たれるようなことをして「制裁」を加えられる事態になったことに対して、友人達が自分たちも一緒に殴られようというのです。こういう提案の「正当性」というか、「妥当性」というか、それが真っ当な対応であるのかどうか、そういうことについて、議論されたことを私は知りません。

話の流れからすると、上級生が「愛国心」ならぬ「愛校心」の名の下に、下級生に理不尽な振る舞いをしていることに、勇気ある下級生が従わなかったというのですから、その下級生の行動には文句なしの「正義」があったかのように見えています。そしてその下級生が、友人の北見君だったので、ここでその北見君を友人みんなで守ろう！という提案を浦川君がした、というふうに読めるようになっています。だから、その「提案」はもっともなものではないかと、読者はきっと思うと思います。しかしこの浦川君の「提案」は本当に妥当なものであったのか、読者はもっと議論すべきだと思います。

というのも、浦川君の「提案」は不意に出され、その提案の「妥当性」をみんなが吟味することがないままに、そうしようというふうに事態が動いていたからです。そしてそういうふうにみんなが動いたきっかけも、じつはかつ子さんのアジテーションにあったのです。というのも、浦川君の「提案」を聞いたかつ子さんは、椅子から飛び上がって次のように言ったからです。

「そうよ。それが一番いいわ。みんなで北見さんを守って、それでもいけなければ、ほんとに仕方がないんだわ。みんなで、北見さんと同じ目に会うばかりだわ。それが英雄的精神よ。あたしも、そのときには、あんたたちに加勢するわ。うちのお父さんを学校にいかせて、談判させてやるわ。お父さんが行かなかったらお母さん、お母さんがもし行かないようだったら、あたし自分であんたたちの学校に出かけてゆくわ。そして、校長先生に話して、その柔術屋を学校から追い出させてやる。」（173頁）

そして四人の少年とかつ子さんは、お互いにしっかりと「指切り」をしたというのです。この少年たちは、浦川君の「提案」を、自分たちで決して吟味していません。かつ子さんの「上から見る目」の勇ましい剣幕に押し切られるようにして、「提案」に「同意」し指切りまでしていただけなのです。そしてこういう慌ただしい、「同意」や「指切り」が原因で、のちにコペル君はものすごく苦しむことになってゆくのですから、**この「提案」の「正当性」や「妥当性」については、本当はもっと議論されなくてはならない**のです。そしてそれだけではなく、かつ子さんは、お父さんを使って学校に抗議をする方向をみんなに伝えていました。私はこのことの意味がとても重要だと感じてきていました。そのことについては後に触れることになるでしょう。

おじさんによるナポレオン像

以上のような話をコペル君から聞いたおじさんは、ノートに「確かにナポレオンの一生はすばらしい」と書き付けながら、なぜナポレオンの一生が僕たちを感動させるのか一緒に考えてみることにしようと提案しています。

伝記者の数だけナポレオンの一生はあるのですから、おじさんがどのような伝記を参考にして彼の一生をイメージしているのかはわかりませんが、かつ子さんが何を参考にして「迷演説」を作り出さしていたのか気になっていた時と同じように、そこはわからないままにしておくしかあ

りません。ともあれ、おじさんが紹介し、説明しているナポレオンの記述を箇条書きで抜き出しておきます。（175〜183頁）

●ナポレオンの一生は、たしかにすばらしい一生だった。その生涯のはなばなしさにかけたら、長い人類の歴史にも、これほどの人はめずらしい。君たちばかりではない、世界中どこへいっても、ナポレオンに感心している少年が、今でもずいぶんたくさんある。どこの国でも、ナポレオンの伝記の売れ行きは、いまだに止まないのだ。

●ナポレオンのお父さんやお母さんは、コルシカ島の落ちぶれた貴族で、ナポレオンは貧しい境遇に育った。ちょうど君たちぐらいの年には、両親のもとを離れて、フランス本国の士官学校に入れられていたが、同級生には金持の貴族の子が多く、彼はいつも仲間から軽蔑されて、寂しくひとりぼっちになっていた。

●ところが、二十四の年に、フランス革命の大動乱が起こると共に、このみすぼらしい貧乏将校が、ひとッとびに少将になってしまった。人民軍がトゥーロンの要塞を攻め落としたとき、この青年将校がすばらしい働きをして、手柄をたてたからだった。

●それからが、君たちも知っている、あの有名なアルプス越えだ。

●アルプスを越えて、なだれのようにイタリーの平原に侵入したかと思うと、たちまち、オーストリアの大軍を撃破し、つづいて、イタリーの都市を片っぱしから攻め落としていった。どこへいっても、勝利、勝利、勝利だ。たくさんの戦利品をもってパリに帰って来たときには、パリ中の人気を一身に集めて、もう立派な凱旋将軍になっていた。

●フランスは大革命の後で、政治上の争いが年ごとに激しくなり、不安がいつまでも去らなかった。そして、フランスの人民は、国内の秩序と平和とを、衷心から求めはじめていた。ナポレオンは、この機運に乗じて、武力で政府の組織を改め、次第に権力を自分の手に集めていった。

●三十五歳だった。わずか十年の間に、かえり見る人もなかった貧乏将校の境遇から皇帝の位まで、一息に駆けのぼってしまったというわけだ。こんな目覚ましい出世が、ほかにあるものじゃあない。

●ヨーロッパの諸国は、イギリスを中心として同盟を結び、何回となくナポレオンを倒そうとしたのだけれど、それはみんな失敗に終わってしまった。戦争をしかければしかけるほど、軍人としてのナポレオンの天才が発揮されるばかりで、アウステルリッツでも、イェーナーでも、またワグラムでも、ナポレオンは長く戦史に残るような見事な勝利を続けていった。

●このときナポレオンは、まったく文字どおり王様の中の王様だった。

●こうして、ヨーロッパ大陸に住む何千万の人間の運命が、たった一人のナポレオンの意志で勝手に左右されるほどの、すばらしい全盛時代がやって来た。ナポレオンは権勢の絶頂にのぼりつめた。しかし、彼はわずか数年でこの絶頂から、たちまちに破滅の底に落ちこんでいった。

●その没落のきっかけとなったものは、君たちも知っている、あのロシア大遠征の失敗だった。

●戦いには大勝利を占め、一旦はロシアの首府モスコーまで占領したのだけれど、さすがのナポレオンも、酷寒と糧食の欠乏とには勝てないで、とうとう退却を開始せねばならなかった。雪と氷の中を餓えに苦しみながら退却して来る途中で、何十万という兵士たちは空しく凍え死んでいった。凍え死なないものも、コサックの追撃にあって殺されていった。そして、最初ロシアに侵入したときには六十万以上もあった大軍が、帰りには、ロシアの国境を越えた者が一万にも満たないという、悲惨極まる有様になっていた。

●この大失敗がヨーロッパ中に伝わると、まず第一に武器を取って立ちあがったのは、長い間ナポレオンの圧迫をはねのけようとして、その機会をねらっていたプロシャだった。つづいて他の諸国も一せいにナポレオンに反抗し、またも同盟を結んで、フランスに攻めよせて来た。そして、ナポレオンにも、とうとう滅亡の時がまわって来た。

●有名なウォーターローの戦いで最後の決戦を試みたけれど、これも敗北に終わり、ついにアフリカの西のセント・ヘレナという離れ小島に、四人同様に監禁されることになってしまった。気候の悪いその島で、五年半、不自由な暮しをしたのち、彼は寂しくそこで死んでいった。

●ところで、ウォーターローで最後の決戦に敗れたとき、ナポレオンは四十六歳だった。だから、十年で貧乏士官から皇帝まで駆けのぼった彼は、また十年たって、皇帝から捕虜の身に落ちていったわけなんだ。ナポレオンの目覚ましい生涯といっても、歳月にして見れば、この二十年間のことで、彼は、いわばその一生を、この二十年間に詰めこんでいるのだ。

だが、わずか二十年ではあったけれど、その二十年は、たしかにすばらしい二十年だった。この間に、一人の天才的な貧乏士官が、一度はヨーロッパ全体の支配者の地位にのぼり、またその王座からまっさかさまに落ちていったという、まるで物語のような変化が僕たちの心をひくだけじゃない。この二十年間に示されたナポレオンの活動というものが、ほとんど人間業とは思われないほど、すばらしいものなんだ。

これだけ抜き出すと、おじさんが思い描いている英雄としてのナポレオンの姿は、お伝えできたのではないでしょうか。そしてこのおじさんの説明しているナポレオン像が、かつ子さんの説明不足のナポレオン像の補足になっていることにも気がつくと思います。そしてさらにいえば、ここでおじさんが懸命に誉めたたえようとしているのが、まさに雲の上の「高みから見る目」でヨーロッパを鳥瞰し、自国の領土を広げることに長けていた天才的な戦争指揮官の側面ばかりだというところです。そんな「高み」からの鳥瞰によって見えていた人間が、戦争の「駒」として「点」として「分子」としてしか見えていなかったかということを、反省的に見る視点はここにはありません。それどころか**ナポレオンを讃える度合いはますます高くなっていました。**

そうだ、ナポレオンはたしかに偉大な人物だった。英雄という名にふさわしい英雄だった。逆境から身を起こして、権勢の絶頂まで駆けのぼっていった青年時代は、いかにも若々しく、はなばなしく、キビキビしていて、伝記を読んでさえ眼が覚めるようだし、また世界歴史の王者として、ヨーロッパ全体に君臨していた全盛時代と来たら、まるで太陽のように壮麗だ。そしてその没落もまた、一つの立派な悲劇になっている。（182〜183頁）

おじさんは、本当に勘違いをしているとも思わないわけにはゆきません。「まるで太陽のように壮麗だ」というような褒め方は、興ざめするしかないのですが、それは「太陽の高さまで登っていた人間のすさまじさ」というしかないものなのです。しかしそういう「高みからの見方」を絶賛する仕方については、私たちはよくよく冷静に対応して行かなくてならないのです。おじさんはこうも言っていました。

人間というものが、これほどすばらしい実行力をあらわすことが出来るのかと思うと、僕たちは本当に驚かずにはいられない。いや、驚くばかりではない。人間というものに、ある頼もしさを覚えて来さえする。僕たちがナポレオンの伝記を読むと元気になって来るのも、また、いまだにナポレオンの伝記が愛読されているのも、そのせいなんだ。（183頁）

ナポレオン時代の戦争で亡くなった兵士、焼き払われた民家、住み家を失った人々の数は、膨大なものに及びますが、おじさんが「伝記」から読み取るのは、ナポレオンの「すばらしい実行力」のようなものばかりです。おじさんは、こういう「伝記」から、パスカルの言う「幾何学の精神」の側面のみを受け取って、もう一つの**「精細な精神」の欠如**を見て取ることがとうとう出来ていないのです。それでもおじさんは、まだこんなことをコペル君たちに助言しているのです。

> して見れば、僕たちは、ナポレオンの偉大な活動力に感歎しながらも、なお、こう質問して見ることが出来るわけだ——
> ナポレオンは、そのすばらしい活動力で、いったい何をなしとげたのか。（183～184頁）

ナポレオンの最後

ここでおじさんは「長い長い歴史の流れ」という考え方をコペル君に想起するようにうながしています。「ところで、コペル君、こう質問するとき、僕たちはしっかりと、何万年にわたる人類の、長い長い進歩の歴史を思い浮かべていることが肝心なのだよ。なぜかというと、ナポレオンだろうが、ゲーテだろうが、——いや、太閤秀吉だろうが、乃木大将だろうが、すべて、長い長い人類の歴史の中から生まれて来て、またその中に死んでいった人々なのだから」（184頁）と。これはどういうことをいっているのかというと、たとえ、優れた力を持っている人がいても、時代が求めるものと合うようにその力が発揮されなくては、それは人類にとってプラスになるわけではないという理解です。だからナポレオンも初めは「時代の流れ」「時代の求め」に応じるように行動していたのに、そうでない動きをすることによって、彼は失脚していったというのです。

ところで、この「長い歴史を見る」という視点も、実は「目の高さ」から離れる操作によって獲得されるものです。そこのところはよく理解されなくてはいけないと思います。「長い歴史」を見るというのは、長い時間を鳥瞰しているわけです。一年や十年をまるで一分や十分のように見てしまう見方が「歴史」の中にはあって、そういうふうに見られた「長い歴史」の見方の中では、人々は「点」にしかすぎないように見えているものです。

それでもそういう「長い歴史」を鳥瞰することで、「祖国の歴史」というようなものが目に見えるようにもなってきます。**おじさんは、そういう「歴史の流れ」を見つめることのできた人や、その流れに貢献できた人々を高く評価するひと**なのです。そういう点から見ると、ナポレオンもしだいに「評価」できない人になっていったところは、コペル君にも伝えなくてはなりませんでした。

一番大きな失敗は、自分にあくまで楯突くイギリスを苦しめようとして、ヨーロッパ大陸全体に、イギリスとの通商を禁じたことだった。ナポレオンは、自分の権勢をもってすれば、そのくらいな事は出来ると信じていた。また、自分の権勢のためには、それをやり抜かねばならぬと考えていた。しかし、その頃世界の海上貿易を一手に独占していたイギリスと通商しないということは、当のイギリスを困らせるよりも、もっともっと、ヨーロッパ大陸に住む何千万の人々を困らせることだった。人々は、さしあたって、毎日使う砂糖にも事欠くようになってしまった。ヨーロッパでは、どんなに砂糖大根を作って見ても、人口に必要なだけの砂糖は取れないんだ。そして、何千万という人間の生きてゆくための必要は、いくらナポレオンの権力が強くとも、押し殺してしまうことが出来ない。厳重な罰を設けて取締まったけれど、どうしてもこの命令は実行されなかった。こうして、ナポレオンの折角の政策は失敗におわり、おまけに彼は何千万という人民の怨みを買ってしまった。（190〜191頁）

おじさんがナポレオンの失策をようやく説明する条りです。しかし、こういう説明がなされるのが「遅すぎる」と思わないわけにはゆきません。はじめにかつ子さんの「英雄」賛歌があり、それを受けておじさんの長々と続く「英雄」賛歌があり、それで終わるのかと思っていると、最後のほうにようやくナポレオンの失策がコペル君に「紹介」されるのです。「遅い」「遅すぎる」と思います。もっと最初から、ナポレオンの残した「成果」と「失策」の両方がわかるように話は語られるべきだと思いますから。ナポレオンの失策への指摘はさらに次のように続きます。

そこへ起こったのが、ロシア遠征の失敗だった。六十万もの人間がはるばるロシアまで出かけていって、氷や雪の中で、ほとんど全部みじめな死方をしてしまったということは、考えて見ると実に大きな出来事だった。この人々は、ヨーロッパの各地から集まった兵隊たちで、何も自分たちの国のためにロシアまで出かけていったわけではなかった。彼らは祖国の名誉のために戦ったのでもなければ、自分たちの信仰や主義のために戦ったのでもない。命にかけて守らなければならないものは何ひとつなく、ただナポレオンの権勢に引きずられてロシアまで出かけ、その野心の犠牲となって、空しく死んでいったのだった。六十万の人々には、それぞれ家族もあれば、友だちもある。だから、ただ六十万人が死んでいったばかりでなく、その上になお生きている何百万という人々が、あきらめ切れない、つらい涙を流したのだ。（191頁）

こういう「説明」を読むと、これまでのナポレオン賛歌は一体何だったのかと思わないわけにはゆきません。でもおじさんは、いままでの「ナポレオン賛歌」はどこ吹く風と言わんばかりに、次のように言っています。

ここまで来れば——、そうだ、これほどまで多くの人々を苦しめる人間となってしまった以上は、ナポレオンの権勢も、もう、世の中の正しい進歩にとって有害なものと化してしまったわけだ。遅かれ早かれ、ナポレオンの没落することはもう避けられない。そして、歴史は事実その通りに進行していった。（191頁）

おじさんは、自分が持ち上げていた「ナポレオン英雄」観をこの辺で反省するのかというと、そんなことは全然なくて、いつのまにやらナポレオンは「多くの人々を苦しめる人間になってしまった」というような書き方です。でも、ナポレオンの失策は、初めはよかったのに後になって悪くなったというようなものではなかったはずなのです。**彼が「英雄」と讃えられる行動の中にすでに人間を人間と見なさない「失策」があり、**はじめはその「失策」をうわ回るような「戦果」を上げていたので「英雄らしく」見えていただけなのに、おじさんは「英雄」のもつ「失策」を初めには少しも指摘しないで、最後に歴史がナポレオンに没落を与えたかのような説明をしています。

それは大きな間違いです。人は「英雄」と持ち上げられた時点で、すでに人々を苦しめる過ちを犯しているものですから、そういう「英雄」のはじめはよかったなどというおじさんの「英雄」観は、本当に間違っているのです。

附論　『100分で名著　池上彰　特別授業　君たちはどう生きるか』——中高生のナポレオン批判は池上氏の見解より優れていた

池上彰氏は、武蔵野高等学校中学校の生徒を相手に、『君たちはどう生きるか』をテキストにして「特別授業」をしていました。その記録が冊子になっているのですが、その中でもナポレオンをめぐるやりとりは興味深いものでした。池上氏は、まるで作中のおじさんのように、ナポレオンの「英雄」の側面を評価して説明しているのですが、生徒たちが事前にレポートに書いてきていたのは、以下のように彼の「英雄」性を否定するようなものばかりでした。

●ナポレオンは、疲れきっている兵隊を、勝ち目のない戦争に向かわせた。兵隊の気持ちがわかっていないというか、彼らのことを考えていない。そういうところが評価できない。

●強い意思や勇気をもって行動することは大事かもしれないけれど、勝算のない戦いに人々を巻き込み、結果として多くの兵を飢え死にさせたナポレオンは、指導者として失格だと思う。

●人には、それぞれ得意分野があると思う。ナポレオンが得意だったのは〝戦うこと〟であって、そういう人が国を率いてもうまくいくはずがない。

●この作品は、偉大な人物の一人としてナポレオンを取り上げているようにも見えるが、実は、いかに英雄扱いされている人物でも、負けるとわかっていて戦争するなんて愚かだし、みじめなだけだと言っている気がした。

●ナポレオンには、勇敢な面もあったが、考えや配慮が足りない部分もあった。誰の人生にもプラスの部分とマイナスの部分があって、それを足し合わせたときにプラスが残るかマイナスが残るかで、のちの時代の人は歴史上の人物を評価しているのではないかと思った。

●ナポレオンは「苦戦を覚悟で出かけていった」とか、英雄的精神があれば「惜しい命さえ惜しくなくなってしまう」と書かれているのは、当時、日本が戦争に突入しようとしていたからではないか。もし戦争になったら、負けそうな局面でも命がけで国のために戦え、みたいな軍事教育的な内容だと感じた。

●この本が書かれた時代は、ナポレオンを英雄視したり、ナポレオンの時代に憧れたりするような風潮があったのではないか。

●ナポレオンの話は、この作品でちょっと浮いている気がした。友だちを思いやることの大切さとか、暴力で人を押さえつけるのはよくないとか、ガンダーラの仏像の話でも互いを尊重することが大事だという話をしているのに、多くの血を流して戦争をしたナポレオンを称賛しているのは、やはり日本がどんどん軍国主義になっていく時代に書かれたからだと思う。英雄的精神みたいなことを盛り込まないと出版できないから、無理やり入れ込んだ感じがする。

（同書87〜88頁）

生徒たちはしっかりと真っ当なことを言っていると思います。本当に自分で考えたことなのか、武蔵野高等学校中学校でそういう考えを勉強していたから書けたのか、それはわかりませんが、これは誰が読んでも至極真っ当な感想を述べているとしか言い様のないものです。

しかし、この感想を読んで、池上氏は少し困ったと思います。吉野源三郎氏ともあろう人が、この作品で、これほどのたくさんなページ数をさいて、かつ子さんにも、おじさんにも「ナポレオン」を讃えさせているのは、中高生に簡単に批判されて終わるようなことを言いたいがためではないはずだ、と考えざるを得なかったからです。でもここで生徒と吉野源三郎氏の間のギャップを逆転させる名案が、ふと池上氏に浮かんだように思います。池上氏はこういうふうに生徒に語っていたからです。

「私は、みなさんとは違う読み方をしました。作者がナポレオンを取り上げた背景には、実にさまざまな意味があるように思います。」（同前89頁）

こういって池上氏は、丸山真男氏が「何をいうかこのなまいきな小娘が」と切って捨てたかつ子さんの言動の裏読みをして、このかつ子さんを登場させたことで「小説としての深みとエンタテインメント性を持たせたのだと思います」というような、逆立ちしてもそういうふうには読めない、こじつけの解釈を披露しています。そしてさらに、生徒たちが、戦争を称賛しているように読んだレポートを受けて、次のように作品をかばっているのです。

「この作品が書かれたのは、太平洋戦争が始まる少し前ですが、すでに日露戦争などで功績のあった人々を英雄（軍神）として称賛する風潮が強まっていました。
この作品も、その影響を受けているという意見が多かったけれど、実はその逆で、よく読むと、軍国化する当時の日本を、婉曲《えんきょく》に批判していることがわかります。」（同前93頁）

この本が「よく読むと、軍国化する当時の日本を、婉曲《えんきょく》に批判している」などということは、ひいきしすぎの解釈です。なぜそこまでして、中高生の解釈に異を唱え、「別な読み方」を提示しなければならなかったのか、気になります。それは池上氏が、「別な読み」を証明できる決定的な箇所を見つけたと思ったときがあったからです。それは作品の次の箇所が、そしてこの箇所だけが太文字で書かれていることに池上氏が気がついた時だったように思います。その箇所は次のように書かれていました。

コペル君。ナポレオンの一生を、これだけ吟味して見れば、もう僕たちには、はっきりとわかるね。

英雄とか偉人とかいわれている人々の中で、本当に尊敬が出来るのは、人類の進歩に役立った人だけだ。そして、彼らの非凡な事業のうち、真に値打のあるものは、ただこの流れに沿って行われた事業だけだ。

もし暇があったら、君は『人類の進歩につくした人々』という本を読んで見たまえ。同じ偉人といわれている人々の中に、ナポレオンとは全く別な型の人々のあることを君は知るだろう。
そして、これだけの事をしっかりと理解したのちに、君は、改めてナポレオンから学び得るものを、うんと学ばなければならない。彼の奮闘的な生涯、彼の勇気、彼の決断力、それから、あの鋼鉄のような意志の強さ！　こういうものがなければ、たとえ人類の進歩につくしたいと考えたって、ろくなことは出来ないでしまうのだから。（192頁、傍線は引用者）

この箇所を受けて、池上氏は次のように説明していました。

最後の部分は、本の中でも太字で強調されています。太字が用いられているのは、ここだけです。つまり、これは戦争を肯定するために書かれたものでなく、軍国主義に警鐘を鳴らすために書かれたものなのです。
戦争を全面的に否定するような本を出版することがどんどん難しくなっていくなかで、作者は慎重に言葉を選びながら、真の英雄とは何か、多くの人の命を奪う戦争がいかに愚かしいか、ということを読者に考えさせる仕掛けとして、ナポレオンの話を取り上げているのです。

この章（五「ナポレオンと四人の少年」）には、ナポレオンが敵兵の勇敢さを称賛した話のほかに、捕らわれの身となっても誇りを失わなかったナポレオンに、敵国であるイギリスの人々が敬意を表したというエピソードも描かれています。敵国人であったとしても、よいところはよいと認め、尊敬の念をもって接する必要があることを伝えるために盛り込んだのだろう、と私は思います。当時の日本軍は、捕虜を虐待したりして、敵の兵隊を敬うことがなかった。そういう姿勢を、暗に批判していたのです。

また、負けるとわかっていながらナポレオンは最後まで戦い続けたという話も、その裏には、世の中が大きな流れに飲まれていこうとしているとき、立ち止まって考え、流れに抵抗することも必要なのではないかということを伝えたかったのだろう、と私は読みました。

（同前96～97頁）

最後の三行などは、本当に無理矢理の裏読みです。問題となるのは、このあえて太文字で書かれた文章の意図をどう読み取るのかというところです。

「**英雄とか偉人とかいわれている人々の中で、本当に尊敬が出来るのは、人類の進歩に役立った人だけだ。そして、彼らの非凡な事業のうち、真に値打のあるものは、ただこの流れに沿って行われた事業だけだ。**」と吉野源三郎氏が太文字にしているのは、確かに作者の最も言いたかったことが強調されて圧縮されて書かれていると思います。とすればここに、作者と言うべきか、おじさんというべきか、その人の思考法を私が批判してきた、その欠点のすべてが、ここに集約されて表されていると考えなくてはなりません。

その欠点とは**「本当に尊敬が出来るのは、人類の進歩に役立った人だけだ。」**という進歩観です。このことは逆に言うと、**人類の進歩に役立たない人は尊敬できない**ということをいっていることなのです。この後始まる第二次世界大戦で、ドイツ・ナチスは、障害者を「人類の進歩に役に立たない」とみなして、彼らを排斥する政策をとりました。捕虜収容所でも、労働できるかどうかで「役に立つ」かどうかを判断され、「役に立たない」と見なされた人はガス室送りにされたと言われています。

この太字で書かれている**「人類の進歩」**とか**「役立つ人」**とか**「尊敬ができる」**とかおじさんがいうのは、その思考法の大元に「進歩」するものがすぐれているという「進歩観」があるのです。しかし、これまで何度も見てきたように、人間には赤ちゃんから老人まで、健康者から病人まで、様々なひとが交わり支え合い、世話をしあって暮らしてきていて、「進歩」だけがいいなどという偏った人間観で生きてきてはいないのです。けれどもここで、作者というか、おじさんははっきりと、**「真に値打のあるものは、ただこの流れに沿って行われた事業だけだ。」**などと言い切っているのです。野に咲く花でも、**真に値打のあるもの**であるはずなのに、作者やおじさんは、それを特別な人に限定させて評価しています。そして何よりも悪いことは、この太字で書かれたことを少しも批判できないで、持ち上げ褒めている池上氏の思考法なのです。

こうした吉野氏＝おじさん＝池上氏の「人類進歩」観の対極にあるのが、「繊細の精神」観つまり、**「目・口・尻」を生きる「大地循環」観とでも呼ぶべきものの見方**でした。そしてそういうものの見方こそ今の時代に必要なのだということは、くりかえし今まで指摘してきたところです。

六　雪の日の出来事――コペル君の「臆病さ」は悪いことではない

事件は雪の日の雪合戦の時に、上級生の作った雪だるまを知らずに壊してしまったところから始まります。黒川たちは、北見君に謝れと迫ります。わざとしたのではないので、謝る気のない北見君も、謝ればことが大きくならないことを察知して、謝ります。しかしその謝り方が気に入らないと言って、再度の謝りを求められますが、大声を出して謝った謝り方がさらに気に入らないとされ、黒川たちの次の怒りを誘ってしまいます。そして、もう殴られるしかない状況にまでなってしまいました。

そのときに、水谷君と浦川くんが相次いで、北見君をかばって、黒川たちの間にたちふさがり、彼を殴るのなら自分たちも殴れと言います。そのときに、コペル君は、自分も一緒にそこに立とうと思うのですが、足がすくんで動けません。「他に北見の仲間はいないのかと、いたらみんな出てこい」と言われるのに、とうとう出て行くことが出来ませんでした。その結果、三人だけが殴られたり、雪のつぶてを投げつけられたりしてしまいます。でも、水谷君と浦川くんの二人は殴られる北見君をかばって寄り添い、北見君から離れませんでした。そして、そうこうしているうちに、授業のベルが鳴り、事態は終わります。

ここからコペル君の中に、新たな苦悩が始まりました。あれほど、黒川たちが北見君を殴るようなことが起これば、四人一緒に殴られようと指切りまでして誓い合ったのに、コペル君一人だけが、怖さに足がすくんで、北見君をかばう輪の中に入ることが出来なかったからです。その結果、そんな自分を恥じて、コペル君は熱を出して学校へ行くことができなくなりました。

この「雪の日の出来事」の経過の中で、注目すべきところが二つあります。

① 「黒川たち」が、雪合戦にかこつけて「制裁」に出たのは、「愛校心」を楯に上級生の権限を高めるためでしたが、その「制裁」を受ける原因は、北見君の「向こう意気」の強さからきていたということです。確かに、「上級生の横暴な振る舞い」は、身勝手で、自分たちに都合のいいようにさせる振る舞いであったのですが、「腕力」に自信のある「北見君」はそれに逆らいました。そしてそのことを自慢げに話をしていました。それは「わざとあいさつをしなかった」というようなことですが、この北見君の「英雄的な行為」を守るために「運動神経のまるでない浦川君」と「少女のような内気さをもった水谷君」のふたりが、「黒川たち」の「攻撃」の矢面に立っているという状況。

② この腕力のある北見君を、腕力のまるっきしない浦川君と水谷君の二人が守るという構図に、コペル君が「足がすくんで」参加できなくて、そのことで、大変な「負い目」を感じて苦しむという状況です。それは友だちとの約束を「裏切った」という負い目です。

この「雪合戦」の場面を、一般の読者は、友だちを懸命に守ろうとする美しい友情の場面のように読まれたのでしょうか。そういうふうにするのが「仲間思い」なのだという見方はわかりますが、この**「腕力のあるもの」を「腕力のまるでないもの」が守るという構図**は、この作品の発表のあとはじまる太平洋戦争で、さんざん人々が目にする光景になってゆくものでした。理不尽な作戦を立てる指揮官に、「祖国を守るため」という大義名分でもってついていき戦死した兵士たちの行動は、その後、山ほど記録され、文学にもされてきたところです。その原型は、この「北見君を守る」という場面にとてもよく似ているように思われます。ということは、この場面は、一般の読者が読み取るほど「友情」や「仲間思い」のことを描いている場面ではないかもしれないのです。

もちろん作者、吉野源三郎氏は、このあとはじまる「戦争下の兵士」のことなどをここで意識しているわけではない、と言われるでしょうが、ここでの書き方は、「腕力のあるもの」を「腕力のないもの」が身を投げ出して守るという構図を「美化」して描いていることは疑いようがないのです。そして、**この描き方は、来たるべき戦争に行く若者たちへの「心構え」を無意識に支**

えるものになっていることも否めないのです。

というのも、そういうふうに読まないと、作者がなぜその前の「四　ナポレオンと四人の少年」の章で、**屍を乗り越えて戦う兵士のことをあえて「英雄の行動」のように書いていた**のか説明がつかないからです。

「強い」誰かを「守る」ために、「弱い」ものが自分の身を捧げるという構図。「戦争」はいつでもそういうことを「兵士」に要求してくるのですが、この構図がいかに人々に「恐怖」を呼び起こすかということは、この「守り」に参加できなかったコペル君の「立ちすくみ」や「尻込み」の描写を見ればよくわかります。コペル君は、実はこの時、真っ当な反応を示していたのです。しかし、作者は、コペル君に、この「共に守る」ことのできなかった行動を深く反省させようとしています。それが良くなかったことを、字数をいっぱい費やして読者にわからせようとしています。

誤解されるといけないので言っておかなくてはならないのですが、雪合戦からはじまり、殴られる友を「守る」話から、その「守り」に参加することの恐怖を描いた過程を「戦争の構図」と表記しているのは私の勝手な曲解ではありません。作者自身がそう説明しているからです。出来事が一段落した最後にこう書いていたからです。

「コペル君は、なんだかひと戦争すませて凱旋してゆくような気持ちでした」（271頁）と。

大事なことは、ここでの話の展開を、決して**「友情」や「友だち思い」の話にすり替えて読んではいけない**ということなのです。そして**コペル君の「怯え」「臆病さ」を決して、悪いことのようにとらえてはいけない**ということなのです。それはコペル君自身が思っているような「卑屈な人間になる」（225頁）ということではないのですから。このことを理解するには、彼が自分のしたことをめぐって幾通りもの解釈をしてみせているところをしっかりと受けとめることが必要なのですが、それは次の章で見てゆくことにしましょう。

七　石段の思い出——「お母さんの後押し」という構図

「雪の日の出来事」を「石段の思い出」にすり替えてはいけない

「雪合戦」の出来事を受けて、寝込んでしまったコペル君に、お母さんがある話をして聞かせます。それはお母さんの「石段の思い出」でした。お母さんが女学校の頃の話で、一人のおばあさんがずいぶん重そうな風呂敷をもって石段を登っていたときに、「代わりにそれを持って上げましょうか」と、とうとう声を掛けられないままに、石段の下で立ちつくして見ていたという苦い思い出です。

お母さんは、別にコペル君の雪合戦と比べるように話をしているわけではないのですが、思い立った時に駆け出すことができないことが自分にもあって、それが大きな悔いになって、その後、そういう場面があるとこの時の悔いがバネになって、同じように悔いを残すようなことは、その後避けられてきたというような話です。

「でもね、潤一さん、石段の思い出は、お母さんには厭な思い出じゃあないの。そりゃあ、お母さんには、ああすればよかった、こうすればよかったって、あとから悔むことがたくさんあるけれど、でも、「あのときああして、ほんとによかった」と思うことだって、ないわけじゃあありません。それは損得から考えてそういうんじゃあないんですよ。自分の心の中の温かい気持やきれいな気持を、そのまま行いにあらわして、あとから、ああよかったと思ったことが、それでも少しはあるってことなの。そうして、今になってそれを考えて見ると、それはみんな、あの石段の思い出のおかげのように思われるんです。

ほんとにそうよ。あの石段の思い出がなかったら、お母さんは、自分の心の中のよいものやきれいなものを、今ほども生かして来ることが出来なかったでしょう。」（246頁）

辛い経験があって、そのときはそれがマイナスに見えていても、そのことのおかげで、次にそのような場面に直面したときに役に立ち、また生かすことができますよ、とお母さんが「説明」しているように読めるところです。そういうふうに読めば、何の不自然さもない、真っ当な助言をお母さんはしているように思われます。

このお母さんの「石段の思い出」の特徴は、個人が個人に対して抱いた「良心的な感情」として心に残っているものでした。でも作者は、意図的ではないかのような書き方をしながら、この「石段の思い出」と「雪合戦の出来事」を、あたかも同列につながるかのような見せ方をしているのも確かです。しかしこの二つの出来事は、比べられないものですし、また比べてはいけないのものなのです。

「個人の良心」と「共同の意志」へのためらいの違いについて

そもそも「石段の思い出」は、全く**「個人」が「個人」に対していだく「良心」の問題**として起こったものでした。しかし「雪合戦の出来事」のほうは、**「共同の約束」（たとえば「軍の規律」など）**に対して、自分の身の危険を冒してでも従うかどうかが求められている内容の話になっていたのです。**問われているものの次元が違っているのです。**にもかかわらず、作者は、石段をのぼる一人のおばあさんに感じた感情と、強い友をかばえなかったことへの後悔の感情を、巧みに、同列におけるものであるかのように操作して見せているのです。それも「お母さんの思い出」というように、「お母さん」を持ち出しながら。この、困った時に「お母さん」の話を持ち出し、激励させる構図は、かつての戦争の戦場で、「共同の意志」への不安や尻込みしている兵士を、「お母さんの後押し」によって乗り越えさせようとしていた軍部の「作戦」によく似た構図を感じさせる場面です。

そうでないとなぜこのようなところで、「お母さん」を持ち出してくるのか、よくわからないからです。**この作品の「おかあさん」と「仲間を守る」構図が、その後の戦場の兵士の後押しにさんざん使われてきた構図に似ているところは、**忘れないようにしておきたいものです。

このことを考えるということは、戦争下において、「個人の良心」を「共同の意志」に、どうしたら無理なく抵抗なくつなげられるかということを、戦争遂行者は常に思案していたということを忘れないということでもあります。問題は吉野源三郎氏というような、「民主主義者」と呼ばれる人が、なぜこのような戦争遂行者と似たような思考法を取る作品を書いていたのかということです。そこを考えることがこの本を読む最も大事で大きな課題なのです。

おじさんは、お母さんの「石段の思い出」を踏まえながら、コペル君の「後悔」や「心の痛み」について、「痛み」は大切だ、「痛み」を感じることによって身体の健康への配慮も出来てくる、といっています。これは言うまでもなく真っ当な指摘です。でもそのことを踏まえて、おじさんは次のように書いています。

もっとも、ただ苦痛を感じるというだけならば、それは無論、人間に限ったことではない。犬や猫でも、怪我をすれば涙をこぼすし、寂しくなると悲しそうに鳴く。(略)

人間の本当の人間らしさを僕たちに知らせてくれるものは、同じ苦痛の中でも、人間だけが感じる人間らしい苦痛なんだ。

では、人間だけが感じる人間らしい苦痛とは、どんなものだろうか。(254頁)

おじさんはここで「人間らしい苦痛」について問うています。彼の考えるものは次のようなものでした。

苦しみの中でも、一番深く僕たちの心に突き入り、僕たちの眼から一番つらい涙をしぼり出すものは、――自分が取りかえしのつかない過ちを犯してしまったという意識だ。自分の行動を振りかえって見て、損得からではなく、道義の心から、「しまった」と考えるほどつらいことは、恐らくほかにはないだろうと思う。

そうだ。自分自身そう認めることは、ほんとうにつらい。だから、たいていの人は、なんとか言訳を考えて、自分でそう認めまいとする。しかし、コペル君、自分が過っていた場合にそれを男らしく認め、そのために苦しむということは、それこそ、天地の間で、ただ人間だけが出来ることなんだよ。(255頁)

吉野源三郎『同時代のこと―ヴェトナム戦争を忘れるな―』を忘れないで

おじさんは、コペル君の「雪の日の出来事」を「取り返しのつかない過ちを犯してしまった意識」という言い方に置き換えて「説明」しようとしています。これも一種の、すり替えであり、誘導の操作です。コペル君は何も、「取り返しのつかない過ちを犯してしまった」というわけではないのです。「友との約束を守れなかった」自分を責めているのです。すでに私は何度も指摘してきているように、この「友との約束」はいかにも個人と個人の約束のように見えて、次元の違う「共同の意志」の確認であり、その「共同の意志」への再確認への不安や恐れだったのです。その恐れが、コペル君をして尻込みさせていたわけです。それはおじさんのいう「取り返しのつかない過ちを犯した」ような話とは違っているのです。でも、**おじさんは、「共同の意志」への葛藤の問題を、「個人の過ち」の問題にすり替えて、コペル君に意識させようとしています。**だから、おじさんは次のようなことを、どうしても言うことになるのです。

人間である限り、過ちは誰にだってある。そして、良心がしびれてしまわない以上、過ちを犯したという意識は、僕たちに苦しい思いをなめさせずにはいない。しかし、コペル君、お互いに、この苦しい思いの中から、いつも新たな自信を汲み出してゆこうではないか、――正しい道に従って歩いてゆく力があるから、こんな苦しみもなめるのだと。(256頁)

ここに「良心」という言葉が出てきます。「良心」という言葉をどう考えるのは、もちろん学説によって違います。石川文康『良心論』では、もともとの意味は「共に知る」ことだとされています。それは「良心がしびれる」とか「苦しい思い」とかいうものとはずいぶんとかけ離れたものでした。しかし、おじさんはここで「良心」という言葉を使って、コペル君に何とかして「過ちを犯した」ということを意識させたいのです。しかし大事なことなのでくり返して言うのですが、実際のコペル君は、「共同の意志」に従うべきかどうかの「葛藤」をしていただけであって、「過ちを犯していた」わけではないのです。

このことの問題は、たとえば吉野源三郎『同時代のこと―ヴェトナム戦争を忘れるな―』（岩波新書、一九七四年）の議論を見ればとてもよくわかります。アメリカの始めたヴェトナム戦争は、資本主義陣営と社会主義陣営の代理戦争であったわけですが、ここで吉野源三郎氏は社会主義陣営を支持してヴェトナム戦争に反対していました。それはそれでいいのですが、当時アメリカの中でも、若者達がヴェトナム戦争への徴兵に反対するデモなどを繰り広げていました。兵役から逃げ出す若者達も出ていました。これはどういうことをしていたのかというと、ヴェトナム戦争への出兵というのは、アメリカ国籍の若者にとってはアメリカの「共同の意志」への参加を意味していました。アメリカ人にとってはこの「共同の意志」に従うことは当たり前のことだったのです。でもその「共同の意志」に参加しないというか、それに従うことをためらい尻込みする若者が出てきていたのです。

そういう若者は、当然深く悩むわけですが、それはコペル君のように「共同の意志」を守らなかったことを深く後悔して、自分は取り返しのつかないことをしているということへの悩みではなかったはずなのです。まさにその時々に出される「共同の意志」に、今自分は従うべきか否かを考える悩みでした。コペル君の悩みも実は、こういうヴェトナム戦争に参加するのをためらっていた若者に、よく似ている面があったのです。「共同の意志」と「個人の意志」のぶつかりです。

吉野源三郎氏は『同時代のこと―ヴェトナム戦争を忘れるな―』では、アメリカの「共同の意志」への参加に若者が批判するようにうながしていたのですが、『君たちはどう生きるか』では、**「共同の意志」へのためらいを、「過ちを犯した」ことのように一生懸命にイメージさせているの**です。そのことのちぐはぐさはここで指摘しておかなくてはと思います。そのこともあるので、ここでのおじさんの誘導に、読者は引っかかってはいけないのです。それでもおじさんは、今回のこの手紙の終わりに次のように書いていました。

僕たちは、自分で自分を決定する力をもっている。
だから、誤りから立ち直ることも出来るのだ。
そして、コペル君、君のいう「人間分子」の運動が、ほかの物質の分子の運動と異なるところも、また、この点にあるのだよ。(257頁)

ここでもおじさんはコペル君の取った行動を「誤り」だとし「立ち直り」のことをイメージさせているのですが、さらにまたおじさんは、あの気味の悪い「人間分子」の話を持ちだして「説明」しようとしています。この四行はしかしとても奇妙なことを書いています。

丁寧に読むと、まずここで言われていることは、「自分で自分を決定する力をもっている」ということですから、「共同の意志」に対して、「個人の意志」でもって尻込みすることもあって良いということを言っているのです。しかし、こういう「個人」が「人間分子」なのだとしたら、その「分子」は他の分子とつながっていて、「個」としての固有の動きは許されないということになりますし、とくにおじさんの言う「人間分子」が「ほかの物質の分子の運動と異なる」というのは、この「人間分子」が「共同の意志」でつながっているところを考えているわけで、それに従わないことは「過ち」だといいたいのです。

こういうおじさんの理屈が、一見すると正当性があるように見えるのは、おじさんがこの「共同の意志」に「労働者の団結」「労働者の手のつなぎ合い」という社会主義の基本のイメージを見ているからなのです。そしてそのことの大切さは、よくわかるとしても、この「共同の意志」は、「国家の意志」「軍隊の団結」「軍隊の手のつなぎ合い」にもそっくりそのままあてはまることであって、その区別がおじさんの中では少しもはっきりさせられていないのです。

それだけではなく、「共同の意志」へのためらいや尻込みが、「過ち」として「意識」されるように仕組まれ、それが直らなければ「制裁」の対象にされたりするようになるのは、軍隊でも社会主義体制でも、愛校心を説く上級生でも、同じような道を歩んでいたところがあるわけで、私たちはそういうところを忘れるわけにはゆかないのです。

八　凱旋――「解決」させたのは親

「雪の日の出来事」のあと、コペル君は熱を出して寝込んでいたのですが、学校の中ではいろいろと動きがありました。それは、水谷君のお姉さん、かつ子さんが「雪の日の出来事」を聞いて憤慨し、お父さんに学校への抗議をうながし、それに連動して、北見君のお父さん、浦川君のお母さんも、抗議のために学校に出向いていったということがあったからです。

物語のこのくだりを読む読者は、何かしら胸がすくような、テレビで「大岡越前守の裁き」を見たかのような感じになったかもしれませんが、その「解決」は読者が読んでスカッとするほど決して「いい解決」になっているわけではありません。というのも、この「雪の日の出来事」の**「解決」に奔走したのは、「権力」をもつ親たち**であり、決して生徒たちの力によってではなかったからです。

北見君のうちでは、お父さんが怒ってしまいました。北見君のお父さんは、予備の陸軍大佐でしたが、話を聞くと、北見君を学校からさげてしまうといい出しました。上級生に対し下級生らしい態度を失っていたのは、北見君が悪い。しかし、それを処罰するのは先生の役目であって、たとえ上級生でも生徒にそんな権限はない。北見君が悪い以上、なぐられても仕方がないが、しかし、規律を破った上級生をそのままにしておく法はない。（略）北見君のお父さんは、そういって、学校にどなりこみました。

浦川君のうちでは、憤慨したのは、お父さんよりお母さんでした。たとえ、貧乏な豆腐屋の息子でも、あたしにとっては、大切な息子です。馬鹿でも、出来なくっても、悪いことをしないのに、こんな目に会うッてことはない。学校はお金持の子だけ大切にするのでしょうか。そんな不公平は、あたし我慢が出来ません。——浦川君のお母さんは、お父さんをつかまえて、まるでお父さんのせいのように、憤慨を洩らしました。そして、これも翌日学校へ出かけていって、「どういうわけでございましょうか」と先生にたずねました。（264頁）

作品の成り行き上、こういうふうにしないと、収まりが付かないからこうしたのでしょうが、実はこの学校には他の財閥たちの息子達もいるわけで、特定の親がこうして怒鳴り込んでゆけば、訴えられた別の財閥の親たちも黙って見ていることはないと思うのです。でも、事態は次のように収束してゆきました。

先生の間にもいろいろ議論があったようでしたが、一週間ばかりして、とうとう処罰が下されました。黒川と横禿とは、それぞれ停学三日を喰いました。そして、黒川の仲間で、よってたかって雪をぶつけた連中は、みんな譴責《けんせき》を受けました。譴責というのは、校長先生の前に呼び出されて叱られる罰です。校長先生は、この処罰を発表したのち、生徒一同を講堂に集めて、今回のことについてみんなの誤解のないように、わざわざ訓辞をされました。とにかく、学校では近来にない大騒ぎだったのです。（265頁）

こうして「雪の日の出来事」は終わりを迎えました。かつ子さんも最初はコペル君の取った行動に「みんなとの約束を破った」として憤慨をしていたのですが、コペル君の手紙を読むことで、気持ちも変わり、みんなは仲直りをすることになりました。北見君は陸軍大佐のお父さんから大目玉を食らい、一週間ばかり外出禁止になっていたといいます。この「腕力」を自慢する、向こう見ずの北見君の行動が、腕力のない友だちを巻き込む騒動を作り出していたのですから、当然です。そして、先ほど紹介した一行が来るのです。

コペル君は、なんだかひと戦争すませて凱旋《がいせん》してゆくような気持ちでした。（271頁）

「戦争」とか「凱旋」という比喩で、この「雪の日の出来事」が締めくくられていることには、改めて注意をしておきたいと思います。

九　水仙の芽とガンダーラの仏像――「目・口・尻」をもつ存在

水仙の「芽・茎・根」は「ビルの上」からは見えない

「雪の日の出来事」が終わり、友だちとの仲直りもでき、もうすぐ中学二年生になるある春の日、コペル君は庭先で日陰にある黄水仙を見つけます。そしてそれを日当たりのいい所に移してあげようとします。何でもない穏やかな日の描写です。寒い冬を、日の当たらないところでじっと耐えて過ごしてきた黄水仙を、日の当たるところへ移すという描写は、友だちとの関係で苦しんでいた冬の時期をのりこえて「春」を迎えることになったコペル君の心境を比喩的に表しているかのように読める場面です。

とてもいい描写です。そして私はこの場面を、ちょっと別な思いを持って読んでいました。コペル君はこの時、黄水仙を移すために、地上に出ている「芽」の回りをスコップで掘っていたのですが、いくら掘っても「ネギ」のような胴体が続くばかりで「根」の部分にたどり着けません。そしてようやく三十センチほど掘った頃に球根にたどり着きました。この時のコペル君の感想は次のように書かれていました。「そんな深いところに埋められてしまっても、この球根は死んでしまわなかったのです。そして、命のある限りは、厚い土にへだてられながら、やっぱり太陽の熱を感じ、春が近づけば芽を出して、明るい地上に向かってのびてゆかずにはいられなかったのです。」(279頁)

この黄水仙の姿は、コペル君の姿でもあったのでしょうが、私はこういう「大地」の下に根を下ろし、それでも「太陽」の光や熱を感じて成長し生きている草木の姿を見つめるコペル君の姿を、良い姿だと感じていました。というのも、そういう黄水仙の姿は、「銀座のビルの上から」は見えないものだったからです。黄水仙という生き物は、「大地」とともに、「太陽が昇り沈み」をくり返す「四季」という循環の仕組みを受けとめて、「芽と茎と根」を持つ存在として生きているものだったからです。それは私が、なんども「目と口と尻」として生きるといってきた生き方です。そしてそ**ういう生き方は、「大地」の上に立つ位置でしか見えてこないもの**だったのです。

そういうふうに見ると、この黄水仙の掘り起こしの描写は、この作品の主要なテーマである「ビルの上」から物事を「分子」として見るのがすばらしい見方だと言ってきたことを、自ら裏切るような描写になっているところが、とても興味深いと私には思われました。

仏像という「等身大」の姿

　このあとおじさんとの話の中で、仏像の話が出てきます。一見すると、いままでの作品の流れとは関係のない話が最後に付け加わっているかのように見えるのですが、それはそうではないのです。

　話は、お彼岸のことから、仏像のことに移り、仏像はいったい、いつごろ、どんな人が作り出したのか、という話になりました。すると、叔父さんは、今から二千年ばかり前、ギリシャ人が作り出したのだといいました。しかし、あまり意外なので、コペル君には、どうも信じられません。コペル君の知っているギリシャの彫刻は、みんなすっきりしたからだつきで、端正な美しい顔と、のびのびした腕や脚をもち、見るからに涼しい感じのする、秀麗なものばかりです。だが、コペル君の知っている仏像といえば、鎌倉の大仏でも、奈良の大仏でも、たいていむっちりと肥っていて、顔も丸く、重い瞼をとじて、なにか深く深く考えこんでいます。限りない慈愛と威厳とを備えてはいても、コペル君たちから見ると、なんだか陰気で、底の知れないような薄気味の悪い感じがします。そして顔つきにも、からだつきにも、どこにも西洋人臭いところはありません。およそ東洋的といえば、仏像ほど東洋的なものはないように、コペル君は考えていました。それだのに、その仏像をはじめてつくり出したのが、あのギリシャ彫刻を生み出したギリシャ人であろうとは……

「だって、叔父さん、仏教はインドではじまったんだろう。」

「そうさ。だから、仏像がはじめて出来たのも、国からいえばインドさ。だが、インドで作られても、作ったのはインド人じゃなくて、ギリシャ人なんだよ。」（281〜282頁）

おじさんはここで、洋書の写真をコペル君に見せて、「ギリシャ彫刻」とそっくりな「仏像」のあるのを紹介しています。そしてそういうギリシャ風の仏像のできたところが、ガンダーラというところなんだと説明しています。ガンダーラとはインドの西北地方にあった古代王国で、ギリシアとインドを結ぶ貿易路の中で栄えていた国でした。おじさんの話では、実はギリシアのアレキサンダー大王が紀元前三三四年、大軍を率いてアジア大陸を征服しようとして、このガンダーラまでやってきていた、というのです。そして、「自分の征服した広大な土地に、西洋の文明と東洋の文明との溶けあった一大帝国を建設すること」をめざし、「自分から先立って、ペルシャ王の王女を妻に迎え、部下の将士にも、ペルシャの婦人と結婚するようにすすめた。また、遠征の途中の要所要所には、いたるところにギリシャの町を作って、ギリシャ人を定住させるようにした。こうして、ペルシャ人をギリシャ化し、またギリシャ人をペルシャ化して、東西の文明を結びつけようとしたのである。」（289頁）と説明しています。

ここでおじさんが、大帝国を作り上げたアレキサンダー大王に注目しているのは、ヨーロッパを支配した皇帝・ナポレオンに注目した動機と重なっているところが見えないわけではありません。ただし、ここではアレキサンダー大王の話ではなく、彼の「東西の文化を結びつける」政策が、ギリシア風彫刻の仏像を生んだところが話題にされているので、そこはきちんと受けとめる必要があると思います。戦後、ＮＨＫはシルクロードなどの番組に力を入れ、久野健『仏像のきた道―ガンダーラから慶州まで』（ＮＨＫブックス、一九八五年）、『パキスタン・ガンダーラ美術展図録』（日本放送出版会、一九八四年）などを出版してきて、そのギリシャ風仏像は、映像や画像としてよくわかるようになりました。もちろん今ではネットで「ガンダーラ　仏像」とキーワードを入力し検索すれば、美しい仏像の姿がすぐにみられます。

こういうギリシア風仏像について、おじさんは続けて話をし、コペル君と次のようなやりとりをしていました。

「仏像というものは、仏教思想だけから生まれて来たのではない。また、ギリシャ彫刻の技術だけで、作りだされたのでもない。両方が結びついて、はじめて生まれて来たものなんだ。それまでは、仏教の信仰は行われていても、仏像というものはなかったんだ。」

コペル君は、叔父さんの説明で、ギリシャ人が仏像を作りはじめたということは納得できましたが、それにしても、どこまでも東洋のものと考えていた仏像が、実は、西洋の文明と東洋の文明との間に生まれた子供だと思うと、やはり、不思議な感じがせずにはいられませんでした。

「じゃあ、叔父さん、奈良の大仏もやっぱりそうなの。」

「そうなんだ。あれは日本人が作ったものだけれど、その技術は支那から学んだものだ。だが、支那はそれをインドから学んだ。だから、もとをさかのぼれば、ガンダーラの仏像までゆき、それからギリシャの彫刻にまでつながっているわけだ。」（290〜291頁）

そしておじさんは、文化が、ギリシャから、インドへ、それから中国へ、そして日本へとつながってきていたことに、思いを寄せるようにコペル君に助言しています。こういうおじさんとコペル君のやりとりを読んでいると、それは東西交流の文明史を学んだり、仏像のできてきた過程を学んだりできてゆくので、いかにも歴史の勉強をしているかのように思ってしまいます。しかし、ここで二人は「歴史の勉強」をしているだけなのでしょうか。

私は作者、吉野源三郎氏がこの作品の最後に「仏像」の話を持ってきているのは、無意識にしろ、この作品の最初に書かれた「銀座のビルの上から見た光景」の話と、対になっているものがあると思わないわけにはいきません。それは、最初の話が、「上」から見る人間が「分子」のように見えるという話であったことに対して、最後の「ギリシア風仏像」の話は、「上」にいて「広大な世界を一目で見渡せる」、まさに「無限大の存在である仏」を「目の高さ」で見える像にするという話になっていたからです。

この話の真相は、アレキサンダー大王が「東西の文明」を融合させようとしたことの成果として生まれて来たという、そういう「融合」というような漠然とした視点から見るだけの話なのではなく、ある時代のギリシア人が、太古から「神々」と呼んできた**「無限大のもの」を、「等身大」の「目に見える彫刻」にする技術を手に入れた、その発想と技術**を、仏教の世界にも適用しようとしていった人々の歴史の話として読まれるものでもあったからです。

どういうことかというと、ギリシアであれ、インドであれ、人々の信仰する神々が「無限大」の存在であることは当然であったのですが、その神々が人々に「恵み」をもたらす神である時は、人々を「目・口・尻」の「有限の存在」として見てくれているときで、その「恵み」とは常に人々の衣食住（**存在給付**）に関わるものであったはずなのです。そういう「衣食住（存在給付）」の恵みの意識がさらに具体的に神々に求められる時が来たときに、**その神々の姿は、恵みを求める人々と同じ「目・口・尻」をもつ存在**として求められるようになっていったと考えられるのです。

こうして「無限大の神」から、「等身大の有限の神」が作られ、その神が「目・口・尻」を持つ存在と見られたときに、今度は逆に、人々を「等身大」として見ることの大事さを意識する時代が始まっていったと考えられるのです。そういう意味で言えば、「等身大の仏像」を持つようになった時からの信仰は、**「高みから見る目」と「横から見る目」の両方が大事であることを意識させる宗教**になっていったはずなのです。日本が奈良時代に仏教を受け入れてきたのは、それまで姿形をもたない神を信仰していた神道にかわって、具体的な「目・口・尻」をもつ仏像のほうが、飢えた人々に具体的な恵みや救済の道を示せることがよくわかってきていたからです。こういう経過は、ユダヤ教から「目・口・尻」をもつイエス・キリストを神として求めるキリスト教を生んでいった過程と似ているところがあります。もちろん、キリスト教（プロテスタント）は、仏像のような形でキリストの像を作ることを、偶像崇拝として退けていますが、イエス自身が「目・口・尻」をもった神として意識されているのですから、宗教として意図しているところには共通性があると思います。

もちろん「大仏」のような巨大な像もアジアの各地で建造されてゆくのですが、それは「等身大の仏像」を作っていった人々とは別な、政治的な狙いを込めて作る人たちがいたわけで、それはまた、別途考察される必要があると思います。しかしここで、おじさんとコペル君とのやりとりに現れる仏像の話は、コペル君の「上から見る目」の対極に、「横から見る目」としての「等身大の仏像」を対比させた話として読み取ることが大事かと思います。「仏像」の問題は、コペル君のように、「高み」から人々を「人間分子」として見るのではなく、人間を「横」から、「目・口・尻」を持つ存在と見ないことには、人間の大事な所を見失ってしまう警告として現れてきていたように私には読みとれるからです。

「いい人になる」とはどういうことか

作品は、コペル君の「決意表明」のような文章で終わりを迎えています。

僕、ほんとうにいい人間にならなければいけないと思いはじめました。叔父さんのいうように、僕は、消費専門家で、なに一つ生産していません。浦川君なんかとちがって、僕には、いま何か生産しようと思っても、なんにも出来ません。しかし、僕は、いい人間になることは出来ます。自分がいい人間になって、いい人間を一人この世の中に生み出すことは、僕にでも出来るのです。そして、そのつもりにさえなれば、これ以上のものを生みだせる人間にだって、なれると思います。（297頁）

（略）

僕は、すべての人がおたがいによい友だちであるような、そういう世の中が来なければいけないと思います。人類は今まで進歩して来たのですから、きっと今にそういう世の中に行きつくだろうと思います。そして僕は、それに役立つような人間になりたいと思います。（298頁）

ここで「いい人間」になるということが、決意されていますが、これだけではつかみどころのない抽象的な人間のイメージです。なので、それを補完するかのように、「おたがいによい友だちである」こととか「進歩」とか「役に立つ人間」というイメージが、重ねられて使われています。こういうことをコペル君に決意表明させた後、作者は、最後の最後にこう書いていました。

そこで、最後に、みなさんにおたずねしたいと思います。——
君たちは、どう生きるか。
（おわり）
（299頁）

この最後の問いかけも、ずいぶんと抽象的なものです。一つわかるのは、この本が「生き方」というような漠然としたものを問うているのではなく、**「物事の見方」を問うている本**であったということです。物事の見方一つで、何万人の人々の人生を壊すことも起こりえるからです。そのことを考えると、この本の最後に出されているおじさんの問いは、実はこの本の一番最初に出された「ビルの上」からみる人間観を、「君たち」はどう考えるのかという問いになっていると考えるべきだと私は思います。

そういう「問い」への「答え」を改めていえば、**人間は「上から見る目」と「横から見る目」の、その両方のバランスをしっかりとりながら生きることが大事**ということになります。それはパスカルのいう「幾何学の精神」と「繊細の精神」のバランスをとって生きることで、それ以外に「いい人」になる道はなく、それを踏まえない「進歩」や「役に立つ人間」などというイメージは、「幾何学の精神」を称賛するだけの人間観になることをしっかりと理解してゆくことだと私は思います。

何が「解決」なのか――この作品がもつ「力」への過信を問う

この作品には、見え隠れしている根本のテーマがあります。それは**「力」への過信**です。というのも、この作品の中で起こる出来事の解決に、どうしても「力」に頼って「解決」させているところがあるからです。最初の「油揚事件」による「いじめ」の解決も、陸軍大佐の息子という傘を背負った北見君の「平手打ち」から始まっていました。確かにそれ自体は勇気のある行動でしょうが、この事件を再考したときに見たように、もしこの教室に、こうした陸軍大佐の息子がいなければどうなっていたのかといえば、いつまでも浦川君に悪ふざけをする陰湿な「いじめ」は続いていたと思われるのです。それをコペル君が止められたかというと、そんなこともできていないのです。怖がりで、なおかつ「油揚」の嫌いなコペル君に、どうして「山口ら」を止めることができたでしょうか。

さらに、最後の雪合戦の事件でも、「腕力」のある北見君が中心の事件でした。そして、事件の「終わり」はどのようになっているかというと、北見君の親の「陸軍大佐」を中心に、「有力財閥」の親が学校に押しかけ、結局「武力」や「財閥の力」を借りて、上級生を停学にさせたりしていたのです。こういう「制裁」が可能なのは、やられた生徒に「武力」や「財閥」の力があってのことで、そういう力をもたない生徒たちは、結局は泣き寝入りをするしかなく、学校内の「力」あるものの言い分を通しながら過ごすしかないのです。

そういう意味を踏まえてこの作品を見てみると、ここでいかにも「解決」されているかのように見えることも、実はただ「力」あるものに頼るだけで、なにも生徒同士で解決できていたわけではないことがわかります。ナポレオンの「英雄主義」が語られたりするのも、**結局はこの「力」に頼る精神がそこでつながっている**からです。そして最後のコペル君の寝込むほどの悩みは、いかにも「誓い」や「友情」をめぐってなされている問題のように見えていますが、それも、そうではないのです。「力」に対して「力」で立ち向かう解決法への恐れや悩みの問題を扱っていたからです。そういうコペル君の恐れ、悩みは当然のことであって、そこに少年たちの「誓い」や「友情」の問題を重ねてしまうのは、コペル君が可哀想だと私は思っています。

では、どうすれば「力」にたよらずに、いじめや上級生の理不尽さに対抗できるのか、そのような道があるのかと、問われると思います。

「教室に広場」をという提案

その道はあります。その道は私の『いじめ／教室に広場を――いじめ対策への根本的提言』（近刊）の中で示しています。要点は、**教室に外部の公の法的機関とつながる広場を創るという提案**

です。そこは、生徒の悩みや訴えを生徒たち自身が取り上げて、解決のための話し合いを持つ場です。教員はあくまで、オブザーバーで、教員自身も、そこで訴えられることも出てきます。そして、たとえば「ひどいいじめだ」という認識が共有されれば、直接に法的機関に「広場」から訴えます。

従来であれば、先生に相談したり、年に一、二回のアンケートに書いて、その結果関係者だけが呼ばれて、関係者だけが「対応」の対象にしてすまされてゆくのが落ちでした。でも「広場」は違います。

「広場」はみんなの見える場で、「公の場」です。「公の場」であるということは、当然、学校の外の「公の機関」とつながる「通路」を持っているということです。そういう「広場」の中では、一人一人の生徒が「公の人」つまり「法の人」として、みんな同等の発言権を持ちます。そうすると、「腕力」を持たない弱い人でも、法に守られて、理不尽なことをそこで訴えることができます。「腕力」で解決するのではなく、「法の力」で解決するのです。

もし「広場」で訴えた人が、あとで「仕返し」をされるようなことが起これば、それこそがまた訴えの対象になり、外の機関（親、警察、家庭裁判所など）にさらに訴えられるので、「仕返し」そのものを許さない状況が「広場」によって作られます。

こういう「広場創り」は十歳からはじめるべきだと私は提案しています。この頃から子どもたちは自分たちを「法の人」として作ってゆける力をもっているからですし、それを、「広場創り」

を通してさらに学んでゆくことができるからです。そういう「広場創り」の経験を積み重ねてゆけば、「いじめ」があって、先生や学校に訴えても何もしてくれなかったとか、外部に漏れないように処理されたとか、そういう教師不信や、学校不信を招くこともなくなります。そして私は**「いじめ」に対応する根本の対策**は、この「教室に広場」を創ること以外にはあり得ないと考えてきました。その「広場」は「生存権」や「弱者同等の権利」を求めて人々があつまり「話し合い」を重ねていったフランス革命の時代の「広場」や「サロン」創りに似たものを感じています。

こういう「広場」での「話し合い」によって、生徒一人一人が自分たちを「法の人」として自覚して行く道を示すことが、何よりも大事なことであって、この『君たちはどう生きるか』で示されたような「腕力」の強いものが、「ケンカ」を起こして、「解決」させるようにしてゆくものではないことを私は訴えておきたいと思います。

附論1　吉野源三郎『リンカーン』について

吉野源三郎氏に児童向けに書かれた『リンカーン』（ポプラ社、一九六七年）という伝記があります。『君たちはどう生きるか』の中で、おじさんがコペル君に「もし暇があったら、君は『人類の進歩につくした人々』という本を読んでみたまえ。同じ偉人といわれている人々の中に、ナポレオンとは全く別な型の人々のあることを君は知るだろう」（192頁）と紹介している本があるのですが、それが吉野源三郎氏の書いた『リンカーン』でした。この本が最初は『人類の進歩につくした人々』という題で、著者は山本有三として出版されていたのですが、その理由は、吉野氏が社会主義思想の持ち主として逮捕されていたことがあり、自分の名前で本が出せなかったので、山本有三氏が代わって自分の名前で出してあげていたものでした。終戦後、吉野源三郎氏の名前で、岩波書店、ポプラ社から、出版され直しています。

少年少女が読む本としてはいいものです。『君たちはどう生きるか』のおじさんが称賛するナポレオンの話よりか、ずっと良い内容の伝記です。もちろん時代の制約もあり、限られた資料を基に書かれたリンカーンの伝記ですから、専門家が読めばおかしなところが見えるでしょうが、それでも青年時代にこういう本を読んだ人は良い本に出会っていると私は思います。私はなぜこの本が『君たちはどう生きるか』のかつ子さんの「演説」として取り上げられなかったのかと思います。そうなっていれば、丸山真男氏から「何をいうかこのなまいきな小娘が」と小馬鹿にされずに済んだのにとも思います。でも、ナポレオンの代わりにリンカーンをもってくると、財閥の娘としては都合のいい話にはできませんし、作者としても話の流れを、今のようにはできなかったはずなので、そうなれば現代のように注目されなかったかもしれません。

ところで私がこの『リンカーン』を良い本だというのは、史実が正確に書かれているからではありません。むしろ史実的には不正確なほうが多いかもしれません。でも日本の若者がこの本を読めば、家族を引き裂かれ、鎖につながれ、動物のようにこき使われてきた、奴隷としての黒人へ寄せるリンカーンの熱い思いをよく感じ取ることができると思いますし、さらにアメリカという国が、この「黒人奴隷」をめぐって国を二分した南北戦争の上に出来上がっていった過程をよくとらえることができると思えるからです。アメリカの地図を片手に、ここで描かれたリンカーンの足取りを追って読み進めるだけでも、日本人の知らないアメリカと呼ばれる国の出来上がってゆくイメージをつかむことができるので、とてもいいと思います。その後で、もっと史実に沿ったリンカーン伝や南北戦争の記録を読まれたらいいと思います。

ただそれでも、子ども向けのリンカーンの伝記には、黒人奴隷を解放しようとしたリンカーンは描かれていても、先住民のインディアン（ネイティブアメリカン）を弾圧し虐殺する命令にサインをしていたリンカーンは描かれていないと指摘されることがあり、この吉野源三郎氏の『リンカーン』もそのことには触れていません。ただ黒人と同じように冷遇されていたインディアンは、白人の支配に反抗し、白人を襲撃し、白人を殺したりしていました。そういうインディアンについては、リンカーンは許せなかったところもあったようです。入植地で親族を殺されたということが記憶にあったからとも言われています。

そういうインディアンとのことが書かれていないにしろ、だからといって吉野氏の『リンカーン』の伝記が青少年の読む伝記として良くないということは全くないと私は思います。

そもそも「伝記」というのは、対象となる一人の人物を、「上から見る目」と「横から見る目」のバランスを取りながら描かれるものですから、そのバランスの妙を読者は味わうのであって、史実かどうかだけで読まれるものではないからです。そういう意味で言うなら、吉野氏の『リンカーン』は「横から見る目」で、日常の暮らしをする「リンカーン」をよく描いているところが見て取れますし、またアメリカの歴史を鳥瞰するための「上から見る目」も工夫され、描かれているのも見てとれます。コペル君のかかえる「問題」も、こういう「伝記」を読む経験を重ねると克服してゆけるように私は思います。

さらに一つ付け加えることがあるとしたら、もしナポレオンの伝記を読む人がいたら、その人は必ずナポレオンが出てきた時代背景となった「フランス革命」の本を合わせて読まれるべきだと思います。『君たちはどう生きるか』にはナポレオンへの言及はあっても、彼を生むことになった「フランス革命」への言及はほとんどありませんでした。コペル君のような中学生、高校生にナポレオンのことを知ってもらおうとするなら、遅塚忠躬『フランス革命』（岩波ジュニア新書）やナポレオンの生涯を扱った杉本淑彦『ナポレオン』（岩波新書）を読むといいと思いますが、ここで大事なことは、フランス革命が、産業の発達に伴い大都市で広がった極度の貧富の差、大量の貧困層をなくすために、人々が立ち上がった反乱の歴史だったというところです。この時に世界で初めて「**生存権**」というものを訴える人々が出てきたのです。

野山で生きていたときには、誰がとって食べてもいい食べものは周りにあったのですが、都市生活になると、最低限の食糧の「パン一つ」ですら、それをとって食べることは泥棒扱いされる時代になっていました。（『レ・ミゼラブル』のテーマです）。この貧困層の悲惨な状況を打破するために「生存権」という権利を認めるように民衆が蜂起したのです。私はその考えをここで「**存在給付**」と言い換えて、それが今の時代に求められていることを訴えてきました。

願わくばこの『君たちはどう生きるか』を読み、ナポレオンの話を読まれた方は、なぜナポレオンが「英雄」として立ち現れてきたのか、この本には書かれていない「フランス革命」の本当に大事な出来事について、思いを寄せる学びをしてくだされぱいいのにと思います。

附論2　山本有三『路傍の石』の併読をすすめたい

山本有三『路傍の石』は本文で何度も取り上げてきています。この作品が朝日新聞に連載されたのが一九三七年で、『君たちはどう生きるか』が出版されたのが一九三七年ですから、同時期に書かれている作品です。私たちは、今『君たちはどう生きるか』を高く評価する風潮の中にいるのですが、何と比較してそうなのか、比較対象を示し得ていないところがとても気になります。そこで、私はここで、意識的に『路傍の石』を持ち出して、比較するようにしてきました。かつては映画にもなり、多くの若者が読んだ作品ですが、おそらく今では読む人はいないのかもしれません。でもだまされたと思って、一度その文庫本を手に取って読み始めてください。きっと一気に読み終えるのではないかと思います。

私がこの『路傍の石』と『君たちはどう生きるか』を比較することが大事だと思うのは、後者が「ビルの上」から物事を見ることを称賛していくのに対して、前者はあくまで「地面の上」で「目線を低くせざるをえない」所でしか生きられない少年の、悲しく惨めな、それでいて何クソと諦めずに生きる姿が、とても共感を呼ぶように描かれていたからです。この物語が一気に読めていくのは、作者の物語る才能によるのですが、この物語が実際に中学に行けずに丁稚奉公に出された作者山本有三氏の悔しい少年時代を踏まえて書かれていたので、単なる作り物ではない、大変リアリティのある物語になっていたからです。そうした実体験を踏まえた物語を読んでいると、『君たちはどう生きるか』の中で「油揚」のことで「いじめ」を受ける浦川君が、何の悔しさや憤りをも見せないように描かれているのを読むと、そんな少年が本当にいるのかとつい思ってしまいます。

つまり本当の少年の姿、怒ったり、悔しがったり、嘘をついたり、家柄に引け目を感じたり、隠し事をしたり、何クソと奮起したり、恋心を抱いたり、裏切ったり、裏切られたり……そういうことをする生の少年の姿は、『路傍の石』のほうがよく描かれています。『君たちはどう生きるか』には、家柄に引け目を感じることがないような少年ばかりが選ばれて、貧しい家柄の浦川君ですら、その家柄のためいじめられても「仏さま」のような「いい人」にしているのですから、現実からかけ離れた少年ばかりが描かれているなあと思います。それゆえに、『路傍の石』が『君たちはどう生きるか』と併せて読まれると良いと思うのです。

さらにいうと、山本有三氏は、逮捕された吉野源三郎氏の能力を高く買っていた人で、山本有三氏が中心になって作り上げた「日本少国民文庫」のシリーズに吉野氏が参加できるように配慮してくれたのも山本氏でした。その経過は岩波文庫版『君たちはどう生きるか』の最後におかれた「作品について」という文章によく記されています。今となれば、ここで書かれている山本有三の名前を見ても、その人が『路傍の石』の作者であることも、『路傍の石』そのものの存在も、はたまた彼が「日本少国民文庫」のシリーズを危機感をもって作ろうとしていたことなどについても、ほとんど思いを寄せることがなくなっていると思います。でも、『君たちはどう生きるか』はこのシリーズの一冊として企画され出版されたことを思うと、この本の評価はどこかで山本有三氏の評価とつなげられなくてはならないのではないかと私は思っています。

あとがき

私がなぜ『君たちはどう生きるか』に違和を感じたのか、その経緯を少し記しておきます。直接のきっかけは、私が新しい「いじめ論」を書いていた時でした。その論は本文でも触れていた「いじめ／教室に広場を―いじめへの根本的対策の提言」というもので、いじめへの根本的な対策は、教室に子ども同士で「法に通じる広場」を作り出し、そこで「公に話す」という体験をみんなで作りだし、「子どもの作る地下活動的な掟」から外へ出る「通路」を作ることを訴える論でした。その過程で、その考えを論証するために、大事な文学作品（ムージル『寄宿生テルレスの混乱』、ヘッセ『デーミアン』、谷崎潤一郎『小さな王国』、柏原兵三『長い道』）を論じていて、その中の一つに『君たちはどう生きるか』を取り上げていたのです。そのときに、この作品に、現代に通じる陰湿ないじめ事件が描かれていたにもかかわらず、その解決の仕方が、本文でも詳しく見てきたように、「腕力」の強いガッチンの正義感に頼るというものでした。こういうやり方は、一見すると読み手にスカッとした気持ちを味わわせるだけで、そういう「腕力」に頼れない教室では何の役にも立たない、非常に古くさい「古い解決策」だと思われました。さらに思ったのはこの事件への先生の対応でした。事件の当事者として、喧嘩をした二人と、いじめを受けていた浦川君と学級委員の四人だけを残してみんなを帰らせ、いじめの首謀者とされる山口を叱りつけ、ガッチンにはおとがめをしなかったという講談の「大岡裁き」のようなことで終わらせていたのですが、そういう「裁き」方もとっても古いものだと感じていました。なので、きちんとこの本と向かい合った論を作らなければと思っていました。

もう一つ、『君たちはどう生きるか』に違和を感じたところがありました。それは「英雄」を論じている長い件《くだり》です。本文でもかなりのページを割いて、作者の伝えたいと思っているところは抜き出して、丁寧に見てきたところです。なぜ私が今の時代に、この本の古めかしい「英雄」の話を長々と点検したのかということです。「英雄」の理解にはさまざまな立場があるでしょうが、私にはこの「英雄」の考え方と共に、一つどうしても考えなくてはならない事件がありました。それは、相模原障害者施設殺傷事件《さがみはらしょうがいしゃしせつさっしょうじけん》と呼ばれる事件でした。

この事件は、二〇一六年七月二十六日、神奈川県立の知的障害者福祉施設「津久井やまゆり園」に、元施設職員のA（二十六歳）が侵入し、刃物で入所者十九人を刺殺し、入所者・職員計二十六人に重軽傷を負わせたという大量殺人事件です。戦後日本で引き起こされた殺人事件の中では、最大の殺害数で、日本中を震撼させました。そのような事件だったので、この犯行者には何らかの「精神の異常」があったのだと指摘する人もたくさんいました。でも私はそうではないと思いました。彼は「英雄主義（ヒロイズム）」にどっぷりとつかっていたと私には考えられたからです。というのも、彼は犯行の前に、「衆議院議長大島理森様」という手紙を送りつけて、そこで次のように書いていたからです。

「この手紙を手にとって頂き本当にありがとうございます。

私は障害者総勢470名を抹殺することができます。／常軌を逸する発言であることは重々理解しております。しかし、保護者の疲れきった表情、施設で働いている職員の生気の欠けた瞳、日本国と世界の為と思い、居ても立ってもいられずに本日行動に移した次第であります。（略）

今こそ革命を行い、全人類の為に必要不可欠である辛（つら）い決断をする時だと考えます。日本国が大きな第一歩を踏み出すのです。（略）／私が人類の為にできることを真剣に考えた答えでございます。

衆議院議長大島理森様、どうか愛する日本国、全人類の為にお力添え頂けないでしょうか。何卒よろしくお願い致します。」

「英雄主義（ヒロイズム）」とは、人々の「高み」に立って「国家」や「祖国」や「民族」を救うという目標を掲げ、その目標の実現のために障害となる人々や国々は、力で排除するという行動をとる人のことをいいます。そういう目標を掲げる「英雄主義」にとっては、たとえ大量に人を殺す（戦争など）ことがあっても、それは「人殺し」なのではなく、国や祖国や民族を守るための「善行」であり「勇敢な行為」であり「称賛される行為」になると考えられているのです。

この「英雄主義」の大元に「ナポレオン」や「ヒトラー」や「スターリン」がいて、そしてその

末裔に相模原施設殺傷事件の犯行者がいるのではないか、ということなのです。彼らはあまりにも「高み」から人々を見てしまうがために、人間を「分子」や「点」のようにしか見えないのです。

こういう非情で残虐なことを、まるで美徳のようにやり遂げようとする「英雄主義」は、どこまでも批判されなくてはと思っているときに、この『君たちはどう生きるか』のなかの「英雄」の議論を、池上彰氏のように若者に向けて、まわりくどく、それでいて高く「評価」する「授業」がなされるのを見て、これでいいのだろうかととても疑問に思ったものでした。

そういう思いも重なり、そして私の長年の指針になっていたパスカルの「幾何学の精神と繊細の精神」への思いと、まえがきでも触れたように、現代の日本のあまりにもひどい格差社会を撃つには、この『君たちはどう生きるか』に疑問を持てる感性を磨くことも必要だと思うに至りました。もちろんこの本に「貧しい友」という一節があって、作者は「貧困」にきちんと目を向けているといわれるかもしれませんが、私はこの本を何度も丁寧に読みました。貧しい浦川君の長屋を訪問する件はとてもいいのですが、そのあとおじさんが貧しい人の中に「ペコペコする人」や「軽蔑に値する人間」や「卑屈な根性を持っている人」がいるなどといって、**人間のランク付けをしている**のを読んだときに、この本に「貧困」が描かれているから良い本だとは単純にはいえないこともわかりました。そうなると、口当たりの良い警句や人生訓のようなところを抜き出してこの本を褒めるだけではなく、この本の抱えている課題と正面から向き合う議論をする本を書く以外にないのだと思うに到りました。深く感銘を受けたこの本を批判するとは何事ぞ、と思われる方もおられると思いますが、**議論ができないようなところにこの本が置かれること自体がよくない**ので、大いに議論してくだされば良いかなと思っています。

こういう原稿を書く源に、本文でも何度も言及してきた「存在給付」についての短い文章（『飢餓陣営44　２０１６冬号』収録）がありました。そして今回この論考ができて、どうしたものかと思っているところに、言視舎の杉山尚次氏から、あの「存在給付」の小論へのおたずねがあり、その文章の展開ではなかったのに、この論考をお見せしたら即座に出しましょうと言っていただけました。杉山氏の「存在給付」への思いがあったおかげで、今回この論が日の目を見ることになったので、その縁の不思議さを思わないわけにはゆきません。感謝です。本当にありがとうございました。

村瀬学（むらせ・まなぶ）
1949年京都生まれ。同志社大学文学部卒業。現在、同志社女子大学生活科学部特任教授。主な著書に『初期心的現象の世界』『理解のおくれの本質』『子ども体験』（以上、大和書房）、『「いのち」論のはじまり』『「いのち」論のひろげ』（以上、洋泉社）、『なぜ大人になれないのか』（洋泉社・新書y）、『哲学の木』（平凡社）、『なぜ丘をうたう歌謡曲がたくさんつくられてきたのか』（春秋社）、『「あなた」の哲学』（講談社新書）、『自閉症』（ちくま新書）、『「食べる」思想』（洋泉社）、『宮崎駿の「深み」へ』『宮崎駿再考』（平凡社新書）、『次の時代のための吉本隆明の読み方』『徹底検証 古事記』『古事記の根源へ』（言視舎）などがある。

編集協力………田中はるか
DTP制作………勝澤節子
装丁………山田英春

『君たちはどう生きるか』に異論あり！
「人間分子観」について議論しましょう

発行日❖2018年4月30日　初版第1刷
　　　　2018年5月31日　　　第2刷

著者
村瀬学

発行者
杉山尚次

発行所
株式会社言視舎
東京都千代田区富士見2-2-2　〒102-0071
電話03-3234-5997　FAX 03-3234-5957
http://www.s-pn.jp/

印刷・製本
中央精版印刷㈱

ISBN978-4-86565-120-1 C0036